创业导向与结构社会资本的交互效应对创业企业绩效的影响机制研究

赵天宇 著

中国财经出版传媒集团
中国财政经济出版社

图书在版编目（CIP）数据

创业导向与结构社会资本的交互效应对创业企业绩效的影响机制研究 / 赵天宇著. --北京：中国财政经济出版社，2021.11

ISBN 978-7-5223-0776-3

Ⅰ.①创… Ⅱ.①赵… Ⅲ.①企业绩效-企业管理-研究-中国 Ⅳ.①F279.23

中国版本图书馆 CIP 数据核字（2021）第 184742 号

责任编辑：李　静　　　　责任校对：胡永立

创业导向与结构社会资本的交互效应对创业企业绩效的影响机制研究

CHUANGYE DAOXIANG YU JIEGOU SHEHUI ZIBEN DE JIAOHU XIAOYING DUI CHUANGYE QIYE JIXIAO DE YINGXIANG JIZHI YANJIU

中国财政经济出版社 出版

URL：http：//www.cfeph.cn

E-mail：cfeph@cfeph.cn

社址：北京市海淀区阜成路甲 28 号　邮政编码：100142

营销中心电话：010-88191522

天猫网店：中国财政经济出版社旗舰店

网址：https：//zgczjjcbs.tmall.com

北京财经印刷厂印刷　各地新华书店经销

成品尺寸：147mm×210mm　32 开　5.875 印张　153 000 字

2021 年 11 月第 1 版　2021 年 11 月北京第 1 次印刷

定价：26.00 元

ISBN 978-7-5223-0776-3

（图书出现印装问题，本社负责调换，电话：010-88190548）

本社质量投诉电话：010-88190744

打击盗版举报热线：010-88191661　QQ：2242791300

内容摘要

2015年国务院《政府工作报告》指出“大众创业、万众创新”将成为未来我国经济发展的主要战略之一，同时，党的十八届五中全会将创新发展放在未来我国社会发展的首位，这促使“大众创业、万众创新”成为未来我国经济和社会发展的主要引擎。由此可见，推动创新创业发展是我国国家层面的重大战略举措。然而，目前，我国创业发展仍处于初期阶段，创业情况并不理想：大学生自主创业率低，平均创业成功率远低于国际平均水平及欧美等发达国家和地区。对于创业企业而言，创始人的个人心理和行为特征以及人脉资源对创业企业团队的构建、初始投资资金的筹集以及企业核心竞争力有着至关重要的影响。因此，创业者的个人心理和行为特征与创业者社会资本的交互研究可以为创业者提供有针对性的启示和应用建议，促进创业成功。

目前，这一实践问题在理论研究中也是热点之一。创业导向作为一种心理认知与态度，被学者们普遍认为是促进创业的一个重要因素。然而，其对企业绩效影响的研究却存在不一致的结论。创业导向虽然有助于创业者对创业机会的开发和利用，然而新创企业通常由于缺乏以往的经营记录以及信用记录，从而难以从资源供应者那里获取资源，这种“新进入缺陷”就导致了新创企业不得不面临更高的失败风险。对于新创企业而言，积极的创业导向要转化为企业绩效的提高，创业者外部资源的获取成为创业导向能否促进创业成功的关键因素，然而目前鲜有研究。

基于以上理论与实践背景，本书以对创业企业具备决定性作用的创业者作为研究主体和研究对象，在回顾相关研究和借鉴相关理论的基础上，从社会资本网络结构的视角出发，利用探索性案例研究和实证分析相结合的方法，对创业导向这一重要的创业者个人心理和行为特征，深入研究其与创业绩效之间的关系。本书主要围绕以下几个问题展开研究：创业导向在创业企业发展不同时期对企业绩效的影响有何不同？创业者的结构社会资本在创业企业发展不同时期的动态变化是否具有一定的规律性？创业者结构社会资本在创业导向和企业绩效的关系之间发挥着何种作用？创业导向、结构社会资本对创业企业绩效发挥有效作用的黑箱机制是什么？因此，本书从社会资本的权变视角构建了创业者个人心理和行为特征、社会资本与创业企业绩效之间的关系模型，深入分析创业导向和结构社会资本对创业企业绩效的作用机制。

本书以创业企业的创业者为研究对象，通过对6家创业企业进行动态跟踪研究（包括创业者的深度访谈调查）以及实证分析所需的中国创业企业的大规模问卷调研，探究了创业导向、结构社会资本和创业企业绩效之间的关系，从而进一步丰富了相关创业理论、管理理论和实证研究。第一，本书通过回顾创业导向相关研究、社会资本相关研究、创业相关研究，明确了创业导向、结构社会资本在创业企业绩效中的重要作用。第二，针对本书所研究的主要问题，考虑到创业导向与创业绩效关系研究的相关理论体系是已经存在的，但是缺少用来参考的案例性研究，并且现有研究存在争议性的结论，因此，需要用局部探索性案例研究来修正和完善创业导向与创业绩效关系的现有理论体系。第三，为进一步深入分析创业导向、结构社会资本以及创业企业成长之间的理论关系，在案例研究结论以及众多学者现有研究的基础上，对三者关系进行进一步拓展，提出相关研究假设并构建相关理论模型。第四，在案例分析和实证检验的基础上得出本书的研究结论，提炼并总结相关理论贡献和实践启示，最后指出本书的研究局限及未来研究的可能方向。

通过案例分析与实证分析，本书得出以下结论：其一，创业导向对于处于企业成长不同时期的企业而言，所发挥的作用有所不同。在企业成长初期，企业绩效越好的企业往往拥有较高的创业导向；在企业成长发展期，创业导向对于企业成长而言是必要条件但非充分条件，即高水平的创业导向并不意味着高水平的企业成长。其二，在创业企业成长的不同时期，对于创业导向和企业成长绩效之间的关系而言，不同网络结构所发挥的优势有所不同。其三，在创业导向、网络跨度和网络聚合三者水平都高时，企业成长绩效最突出。无论是在创业企业成长初期还是在创业企业成长发展期，创业导向、网络跨度、网络聚合三者水平都高的企业，其企业成长绩效最优。其四，实证研究结果表明从创业者外部网络结构视角出发研究创业导向和企业成长之间的关系是具有一定的理论支撑的，并通过实证研究得出了相关普适性的结论。

目录

第1章 绪 论

1.1 研究背景与问题提出

1.1.1 现实背景

2014 年 9 月，李克强总理在夏季达沃斯论坛上首次提出“大众创业、万众创新”这一关键词组，李克强总理的讲话提出，要在 960 万平方公里土地上掀起“大众创业”“草根创业”的新浪潮，形成“万众创新”“人人创新”的新势态。此后，他在首届世界互联网大会、国务院常务会议以及 2015 年《政府工作报告》等场合中也屡次提到该关键词，他认为，“大众创业、万众创新”将成为未来我国经济发展的主要战略之一。李克强总理每次到地方开展调研工作，几乎都要与当地活跃的创新创业群体、组织开展座谈，希望能够极大地激发全民族的创业热情和创新精神。与此同时，2015 年 10 月，习近平总书记在党的十八届五中全会第二次全体会议上针对我国社会发展的需求提出了“五大发展理念”，并且将创新发展放在未来我国社会发展的首位。国务院 2018 年 9 月下发的《关于推动创新创业高质量发展打造“双创”升级版的意见》中也明确指出，创新是引领发展的第一动力，是建设现代化经济体系的战略支撑。由此可见，“大众创业、万众创新”是未来我国经济和社会发展的主要引擎，这一战略的制定表明我国将迎来新一轮的创业热潮。

“大众创业、万众创新”发展战略的出台使得我国社会出现了一股创业热潮。为了实现这一发展战略，我国中央政府以及地方政府纷纷出台各种政策，促进和推动我国创业活动的进程。例如，国家出台了《中共中央 国务院关于深化体制机制改革加快实施创新驱动发展战略的若干意见》《国务院关于大力推进大众创业万众创新若干政策措施的意见》《国务院关于强化实施创新驱动发展战略进一步推进大众创业万众创新深入发展的意见》等相关文件，国家部委以及地方政府从政策、税收、土地资源、创业孵化、风险投资、融资等多个方面也都出台了创业扶持政策，例如，国土资源部、国家发展和改革委员会、科学技术部、工业和信息化部、住房和城乡建设部以及商务部联合发布的《关于支持新产业新业态发展促进大众创业万众创新用地的意见》明确加大新产业新业态用地支持力度，北京、上海、广东等地为深入贯彻落实《国务院关于大力推进大众创业万众创新若干政策措施的意见》等文件精神，也相继出台了关于大力推进大众创业、万众创新的工作实施方案及相关政策。2013 年国务院常务会议中提出，在我国经济发展的过程中必须调动一切社会资本和力量，促进和推动小微企业的快速发展，通过小微企业的创新发展带动社会就业，推动新兴生产力的快速发展。此后，我国针对大众创业出台了各种政策，在这些政策的促进和推动下我国社会形成了“万众创新”“人人创新”的新态势。

近年来，大众创业、万众创新持续向更大范围、更高层次和更深程度推进，创新创业与经济社会发展深度融合，对推动新旧动能转换和经济结构升级、扩大就业和改善民生、实现机会公平和社会纵向流动发挥了重要作用，为促进经济增长提供了有力支撑。根据我国 2018 年国务院《政府工作报告》及国家统计局的数据显示，

2017年我国全年注册企业数量增长了23.8%，平均每天新注册的企业数量达到1.6万户[1]。按照全球创业观察报告①在2016年的统计数据来看，我国创业活动指数达到了12.84%，这一指数高于美国、德国、日本和英国的创业指数。同时，清华大学发布的《全球创业观察2015/2016中国报告》指出，青年已经成为我国创业活动的主体，青年创业者②占我国创业人数总体比例的41.67%，从创业动机的角度来看，我国创业者主要以机会型创业为主，这一比例达到了64.29%。从资金来源的角度来讲，自有资金是中国创业者最为主要的资金来源，其比例高达91.3%。创业者资金来源主要包括家庭、朋友、银行贷款、风险投资、众筹以及政府项目等多个方面。但是除了自有资金之外，其他各种资金来源的比例过低，在一定程度上对大众创业产生了阻碍作用[2]。因此，从我国的社会创业实践来看，创业者的社会资本对于创业活动产生了积极的影响。

虽然近年来我国社会创业热情高涨，但是从目前我国社会创业活动的效果来看，创业活动效果并不够理想，创业成功率较低。根据《2016年中国大学生就业报告》数据显示，2015年我国大学生平均创业成功率仅仅为3%，创业成功率最低的地区仅为1%，最高的浙江地区为4%。与我国大学生创业成功率水平不足形成鲜明对比的是，美国社会创业成功率高达20%[3]。创业是我国企业获得市场竞争力的主要路径之一，企业在发展的过程中根据内外环境

① 全球创业观察是由国际上著名的英国伦敦商学院和在创业教育上全美排名第一的美国百森学院共同发起成立的国际创业研究项目。GEM是Global Entrepreneurship Monitor，全球创业观察的英文简称。该项目在国际的创业研究和教育上享有盛誉。2008年，参加GEM项目的国家和地区有43个。中国加入GEM后，参加GEM的国家和地区人口总数已经占世界人口总数的62%，GDP占世界总数的92%。GEM研究报告受到了广泛的关注，已成为世界各国人士认识创业活动、环境、政策等创业问题的重要信息来源。

② 青年创业者是指年龄在18—44岁之间的创业者。

变化的需求，由创业者或管理者团队将创业理念引入企业的发展战略中来，进而形成具备创业导向的企业发展战略，对于企业绩效的提升产生积极的影响（Covin & Slevin，1989；Lumpkin & Dess，1996；Wiklund，2006）[4,5,6]。综上所述，对创业者个人心理和行为特征与创业者社会资本关系的分析和研究对于我国实施创业战略具有重要的意义，能够为我国创业者提供相应的指导，在一定程度上提高创业的成功率。

1.1.2 理论背景

近年来，学者们对创业理论和管理理论进行了大量的研究。以往研究普遍认为创业导向作为一种心理认知和态度，是促进创业的一个重要因素[7]。然而，创业导向对企业绩效的影响存在争议性结论。例如，就创业行为有助于新产品进入市场这点而言，Wiklund 等（2005）、Keh 等（2007）以及 Yamada 等（2009）一致认为创业导向会对企业绩效产生积极的影响[8,9,10]。但也有持反对意见的学者，Hart（1992）指出，在一些特定的情景，创业型战略可能会阻碍企业发展[11]。而 Tang 等（2008）观察到，在中国特殊的制度环境和组织环境下，创业导向对企业绩效的影响是由积极作用变为消极作用的（即倒“U”形）[12]。与此同时，Wales 等指出在创业导向水平较低的情况下，小企业有限的资源能够满足企业创新研发所需的条件，从而创业导向对小企业绩效的影响是先正向的；而在创业导向水平较高的情况下，小企业面临的资源约束限制了高水平创业导向的效益，导致创业导向对小企业绩效的影响转为负向的[13]。除此之外，还有 Runyan 等（2008）、Baker 等（2009）以及 Messersmith 等（2013）通过检验得出两者之间并不存在显著的关系[14,15,16]。

创业导向对企业绩效的影响研究存在争议可能有两个原因：一方面，两者之间可能存在重要的权变因素[8]。一些学者研究了环境和组织因素的调节作用，例如，Wiklund等（2005）发现环境动态性调节小企业创业导向与绩效之间的关系[9]；Covin等（2006）发现，包括战略决策制定参与性、战略制定模式在内的战略过程变量调节了企业创业导向和销售增长率之间的关系[17]。这些研究充分说明创业导向与企业绩效之间并非简单的线性关系，它们还受到外部情景因素的影响。然而，就企业自身基础而言，创业导向对企业绩效的影响关键在于企业自身的社会资本。对于创业企业而言，积极的创业导向要转化为绩效的提高需要外部资源的支持，而社会资本对于创业者而言是获取资源的重要途径。因此，社会资本对创业导向与企业绩效的关系很可能会产生重要的影响，社会资本不仅会在相当程度上左右创业导向战略的实施，同时也会决定企业能在多大程度上发挥创业导向的作用，由此直接影响了创业导向对企业绩效的影响。

另一方面，对处于不同发展阶段的新创企业而言，创业导向对企业绩效的影响可能有所不同。Su等（2011）[18]指出，对于已建立的和新创的企业，创业导向对企业绩效可能有着不同的影响。因为与处于成熟期的企业相比，处于成长期的企业由于“新生性劣势”，往往会缺乏战略性资源和社会关系[19,20]。因此，本书认为，创业导向对企业绩效的影响在企业发展的不同阶段有所不同。

综上所述，从现实背景的分析中可以看出，创业者个人心理和行为特征以及社会资本对于中国创业成功率的影响至关重要。因此，研究创业者的个人心理和行为特征与社会资本对创业成功的影响是非常有必要的；从理论背景来看，创业导向和创业企业绩效之间的关系研究一直以来是创业领域的研究热点。与此同时，近年来，社会资本理论开始以一种新的视角拓展了现有的创业研究。综上所述，本书以新创企业的创业者为研究对象，从社会资本的权变视角出发，探讨创业者创业导向这一重要的个体心理行为特征与创业企业绩效之间的关系及其作用机制是十分有必要的。

1.1.3 问题提出

影响企业绩效的因素不仅仅包括创业者个人的心理和行为特征以及企业内部的资源，同时，各种社会关系网络中的特有资源对于创业绩效也会产生决定性的影响（Dyer & Singh，1998）[21]。在一定程度上来讲，所有企业都处于关系嵌入和结构嵌入之中（Gulati，Nohri & Zaheer，2000）[22]。企业在发展的过程中，外部各种联系以及社会网络资源能够从不同的角度为企业带来关系性租金和竞争优势（Dyer，1996）[23]，从这一角度来讲，企业在发展的过程中与外部组织关系的建立和维系对于企业的发展具有十分重要的意义。从一定程度上来讲，企业外部社会网络关系是导致不同企业发展存在差异的主要原因之一（Koka & Preseott，2006；Adler & Kwon，2002；PabloS，2005；Lewis & Chamlee-wright，2008）[24,25,26,27]。因此，越来越多的企业在发展的过程中已经认识到与外部组织建立合作关系的重要性。同时，对于创业者来讲，外部网络资源对于创业的成功与否也产生了决定性的影响。这就要求创业者在创业的过程中必须加强与外部社会网络关系的联系，积极利用外部网络关系的资源，提高创业的成功率和创业绩效。

在借鉴前人研究的基础上，本书将创业理论与社会资本理论结合起来，旨在揭示创业导向对创业企业绩效的影响机理，并从创业动态研究视角出发，探究创业导向对创业企业发展不同时期的企业绩效的影响机制，同时引入结构社会资本这一权变因素，从企业自身资源基础的视角出发检验创业者结构社会资本的重要权变作用。

基于此，本书主要探讨的问题包括：

（1）创业导向在创业企业发展不同时期对企业绩效的影响作用；

(2) 创业者结构社会资本在创业企业发展不同时期的变化规律;

(3) 创业者结构社会资本对创业导向和企业绩效的关系的影响作用;

(4) 创业导向、结构社会资本对创业企业绩效的具体影响机制。

1.2 研究意义

1.2.1 理论意义

其一，加速本土化研究成果的产生。从目前的研究现状来看，我国学术界对于创业社会资本以及社会网络的研究与发达国家之间还存在较大的差距。虽然我国在这一问题的研究中已经取得了相应的成果，但是与发达国家之间的差距仍然十分明显 (Kristiansen, 2004; 张玉利, 2007)[28,29]。"社会关系" 在我国社会转型的过程中扮演着重要的角色，通过对我国社会创业行为的分析和研究，能够在一定程度上验证西方发达国家创业理论与我国社会的实际情况是否相匹配。一方面，验证西方发达国家对于社会资本的研究方法、研究视角是否能够运用到我国相关问题的研究中；另一方面，在分析和研究过程中借鉴西方发达国家的研究方法和研究视角，能够在一定程度上缩小我国与西方发达国家在相关问题研究中的差距，同时能够使研究成果本土化。

其二，丰富和完善社会资本与创业发展理论。社会资本是一个包含多个领域和范围的概念，应该从不同的层面和不同的视角对其进行分析和研究，但是从目前我国学术界的研究现状来看，其研究方法和研究视角还远远落后于发达国家，因此，通过对社会资本与创业导向的深层次分析和研究，能够在一定程度上丰富和完善我国社会资本与创业发展的理论，在一定程度上能够推动和促进我国学术界对这一问题的分析和研究，形成更为丰富的理论体系。

其三，丰富了现有研究成果。现有研究关于创业导向和企业之间调节变量的讨论大多数局限于组织和环境因素，比如环境动态性、行业特征、企业文化、高管团队特征等。很少有文章研究网络结构特征在两者关系中的权变作用，本书发现网络跨度和网络聚合分别调节创业导向和企业绩效之间的关系，这一发现印证了社会资本具有权变价值的观点[30]，并与 Stam（2008）的研究结论一致，即特定网络结构对企业绩效的影响依赖于企业的创业导向[31]。

1.2.2 实践意义

其一，通过对不同发展阶段创业企业网络结构变化的分析和研究，可以在一定程度上为我国创业企业提供相应的指导。在当今创业的热潮下，国家和地方政府出台了若干鼓励大学生创业的政策，但这并不足以提高我国大学生的创业成功率。究其原因，主要是大学生经验缺乏、资源不足等问题大大地限制了大学生创业的发展。本书能够有效帮助创业者构建自己的人脉关系网，并在合适的时期着重培养不同类型的网络关系，从而尽可能地使有限的资源得到最大化的利用。

其二，通过分析创业导向、社会资本和创业企业绩效之间的关系，能够为创业者整合外部资源提供一定的指导，提高具备创业导向战略的企业的绩效水平，为企业的发展提供一种新的思路。市场竞争的不断加剧使得创业导向和社会资本的协同整合能够进一步提高企业对外部环境的响应速度，同时也为企业的创新发展提供相应指导，通过创新发展实现企业的发展目标。创业导向与社会资本对企业绩效的提升产生一定的作用，通过对这一机制的深层次分析和研究，能够为企业的发展提供理论依据，进而在发展实践中积极探索适合企业发展的路径。

其三，本书对相关问题的研究成果能够在一定程度上为我国制定创业政策提供相应的参考。本书对新创企业成长影响因素的研究，能为国家制定关于如何促进创业企业发展的相关政策提供参考。

1.3 相关概念的界定

1.3.1 创业导向

创业导向反映的是个体或企业层面的一种心理认知态度，对于创业者的创业导向而言，是指创业者在进行创业活动时所表现出的积极承担风险、善于创新和乐于改变以及能够主动地采取行动、参与竞争的一系列心理行为特征[32]，主要反映了创业者的先动性、风险承担性和创新性的行为导向。先动性表示提前引入新产品或新技术的前瞻性视角，有助于创业者快速感知市场环境变化；风险承担性反映了创业者在创业过程中采取大胆行为的倾向；创新性则反映了创业者支持产品或技术创新的意愿[5]。

1.3.2 结构社会资本

Nahapiet 和 Ghoshal（1998）对社会资本进行了界定[33]，认为社会资本是创业者拥有的嵌入其关系内的所有资源总和，并且在对这一概念的分析和研究中将社会资本概括为关系维度、结构维度和认知维度三个维度。本书在分析中所提到的社会资本结构维度包含了创业者网络结构中可以被其运用的所有关系和资源的总和。具体来讲，本书研究的社会资本结构维度主要包括以下两个方面：网络跨度和网络聚合。前者主要是指企业创始人在企业发展中与外部联系跨越制度、组织和社会边界的程度[34]，网络跨度在某种程度上代表创业企业跨越不同知识基础的程度；后者主要是指企业主要成员两两之间的关系被第三方联系包围的程度，这一概念能够反映出企业与网络成员之间在发展过程中的紧密程度[35]。

1.3.3 创业阶段及其企业绩效

创业是指识别、评价与开发创业机会从而实现在经济社会层面的价值创造的过程[36]。杨俊（2005）指出，创业行为包含三项关键的任务：感知并评价机会、整合资源以创建新企业以及谋求新企业的生存和成长[37]。杨俊和张玉利（2008）基于上述研究，对创业这一概念进行了更深层次的定义，其指出创业指的是在有限的资源条件下，积极探索、发现、寻求机会进而完成商业活动的过程[38]。

学者在分析和研究的过程中从不同的角度和层面对创业企业的阶段进行了划分。Reynolds 等（2005）将企业创业阶段划分为四个不同的发展阶段[39]。Coviello 和 Cox（2006）指出企业发展中的前三个阶段属于创业阶段，而一旦企业进入稳定的发展状态下，企业不再属于创业的研究范畴[40]。蔡莉和单标安（2010）在研究的过程中对创业阶段进行了划分，具体来讲企业创业阶段包括创建期、存活期和成长期，并且分析了创业网络对不同阶段绩效产生的影响[41]。

在创业机会识别阶段，创业者对创业机会进行全面的识别，但是在这一阶段并没有采取相应的行动。在创业机会开发阶段，很难对创业者的社会资本状况进行调查和跟踪。因此，本书在研究的过程中，主要针对创业企业成长这一阶段。这一阶段主要是指企业在市场中从事大量的经济活动的过程[42]，创业企业成长阶段主要的经济活动包括产品开发和创新、市场需求调研以及市场份额的扩展等[43,44]。

1.4 研究内容与研究方法

1.4.1 研究内容

为了探究创业导向在创业企业成长过程中对企业绩效的作用机制以及深入分析结构社会资本在创业导向对企业绩效影响背后所发挥的作用，本书采用“相关文献整理”——“提出研究问题”——“探索性案例研究”——“提出相关命题”——“大样本实证检验”——“研究结论总结”的方式进行。本书主要采用理论研究、案例研究和实证研究相结合的方法，分7章对创业导向和结构社会资本对创业企业成长绩效的作用机制展开研究。

第1章绪论。首先从实践和理论上介绍了研究的背景、意义以及研究目的。然后介绍研究的相关概念、研究内容以及研究涉及的研究方法，最后介绍了本书的技术路线图以及研究创新之处。

第2章文献综述。本章对国内外学者就创业以及社会资本等相关问题的研究文献进行了归纳和总结，主要包括以下几个部分。第一部分对创业以及创业阶段的相关研究文献进行了归纳和总结，分析了创业的概念以及企业在创业活动中的发展阶段；第二部分对创业导向的相关研究文献进行了归纳和总结，归纳总结了创业导向的内涵概念，同时对创业导向的不同维度进行区分；第三部分针对社会资本进行分析，分析了社会资本的概念以及社会资本的相关理论，并且重点对网络跨度与网络聚合等变量进行分析；第四部分针对创业导向、社会资本和创业企业绩效关系的研究文献进行阐述；

第五部分对目前学术界的研究文献进行综合性的评析。

第 3 章案例研究方法与设计。根据文献综述部分提出的本书研究议题，首先对相关案例研究方法进行分类阐述，然后根据研究的议题选择了适合本研究的研究方法，并确定案例选择的标准、数据收集方法、数据分析方法，最后对最终选取的相关案例企业的情况进行阐述。

第 4 章案例研究分析。本章以选取相关的案例企业为研究对象，通过编码分析对相关变量之间的关系进行归纳总结，并提出相关研究命题，最后总结分析企业发展不同阶段的相互作用机制。

第 5 章理论模型与研究假设。本章主要以第 4 章案例分析提出的研究命题为依据，并参考相关文献与理论基础，构建具有普适性的理论模型，在此基础上提出相关研究假设。

第 6 章实证分析。本章主要针对第 5 章所提出的理论模型和研究假设，通过设计问卷对模型中所涉及的变量进行测度，并采用 SPSS、LISREL 等软件对相关变量之间的关系进行相关分析和回归分析，从而对相关研究假设进行验证，最终得出相关研究结论。

第 7 章研究结论与启示。在前文的基础上，本章主要对创业导向、结构社会资本和创业企业绩效三者之间的关系进行了总结，并提出相关研究启示、研究中存在的不足以及未来的研究方向。

1.4.2 研究方法

（1）文献研究法。通过采用文献检索收集、引文追踪等手段，将创业导向、社会资本以及创业企业绩效的文献和观点整理汇总。在相关问题的研究中，为了收集更多的文献资料和参考方法，通过学校图书馆、互联网资源以及其他网络查询了相关的文献和资料，通过文献资料的归纳和总结为本书的分析和研究提供了理论、思路、研究方法以及研究切入点等方面的借鉴。通过文献分析法得出了目前国内外学术界对创业导向、社会资本以及创业企业绩效等相关问题的研究综述，通过对这些文献的归纳和汇总提出了本书的研究问题，并且借鉴国内外学者的研究方法和研究视角，最终完成了本书的研究。

（2）案例研究法。它是目前学术界研究各种问题最为常见的一种研究方法，这一研究方法主要通过观察、访谈、历史资料等多种手段对某一事件或者技术进行深入分析，并且通过对某个或者部分案例的研究得出普遍性的结论。从本质上来讲，案例研究方法是实证研究方法的一种，是立足于现实情况下对某一问题或者事件进行的研究。案例研究方法通过多种不同的手段和渠道收集研究中所需要的资料和信息，在研究中对这些信息进行交叉分析，通过不同的分析方法和手段最终得出结论。Eisenhardt（1989）[45]指出案例研究方法在问题的研究中主要有以下三个方面的优点：首先，案例研究方法有利于理论的创新发展，研究者立足于现实，通过对不同资料和信息的分析和研究得出与现有文献或者现有理论相矛盾的结论，进而产生新的理论；其次，案例研究方法获取资料的途径更为灵活；最后，案例研究方法是立足于现实的研究方法，因此得出的结论更加贴近现实。

（3）问卷调查法。它是调查者使用设计一致的问卷向被调查者询问基本信息或征求意见的调查方法。问卷调查又分为结构式、开放式以及半结构式问卷调查。结构式问卷的答案是固定的，开放式问卷的答案是可以自由发挥的，而半结构式问卷介于两者之间。问卷调查是通过书面提出问题，进而整理并搜集资料的一种研究方法。本书使用问卷调查法并不只是为了获取大量的数据从而进行实证分析，还通过半结构式问卷调查获取创业者社会资本以及创业绩效的一些情况，通过收集这些定量数据可以对定性研究的编码结果进行补充说明以及验证案例研究的核心观点。由于半结构化的问卷的问题设置是固定的几个，使每个被访者都回答同样的问题，保证了案例研究的复制性原则，并且问卷的答案有的是标准的、固定的，也有的可以让问卷填写者自由发挥，因此，半结构问卷调查法在实际的研究中运用比较广泛。

(4) 访谈法。它是根据需要研究的内容选择合适的对象，通过一对一或者一对多的访谈形式来获得相关的问题结论。一般来讲，访谈法主要包括正式访谈研究方法和非正式访谈研究方法。访谈法在研究问题的过程中相对比较灵活，可以对某一事件、某一人物等相关的问题进行访谈，通过详细访谈得出相应的资料。访谈法在进行调查的过程中，能够获得更为详细的资料。

(5) 实证研究法。本书在数据处理的过程中，主要采用SPSS19.0 和 LISREL8.52 对问卷调查得到的数据进行了处理和分析。具体来讲，在分析中首先对问卷信度和效度进行了检验，对收集到的数据进行了初步的统计分析；然后根据本书所建立的模型，进行回归分析，通过回归分析对本书所提出的研究假设以及研究模型进行了验证。

1.5 技术路线图

根据本书的主要研究内容，本书提出如图 1-1 所示的技术路线：

本书在分析和研究的过程中，首先对学术界的研究文献进行了归纳和总结，从学术界现有的研究文献中得出了基本的概念，并且参考和借鉴目前学术界的研究文献构建了本书的研究模型，最后结合本书研究的具体情况得出了研究结论。

确定研究方向
文献综述
·收集和整理国内外相关文献
·对关键文献进行精读，对经典的外文文献做全文翻译
·从文献中发现研究趋势和研究空白
实践性访谈
·寻找少量创业者进行面谈或电话访谈
·通过访谈寻找创业者社会资本的发展规律，存在的问题
提出研究问题
打开“黑箱”
提升结论普适性
探索性案例分析
大样本实证检验
案例设计
案例企业选择
调查问卷设计
正式实施调查
案例分析
访谈数据整理
数据编码分析
分析结果
相关命题提出
调查对象筛选
实证设计
问卷设计修改
问卷发放收集
样本数据筛选
实证分析
层级回归分析
假设检验结果
实证结果
结果讨论
主要结论阐述及分析
挖掘理论意义和实践贡献
总结不足，提出未来研究方向

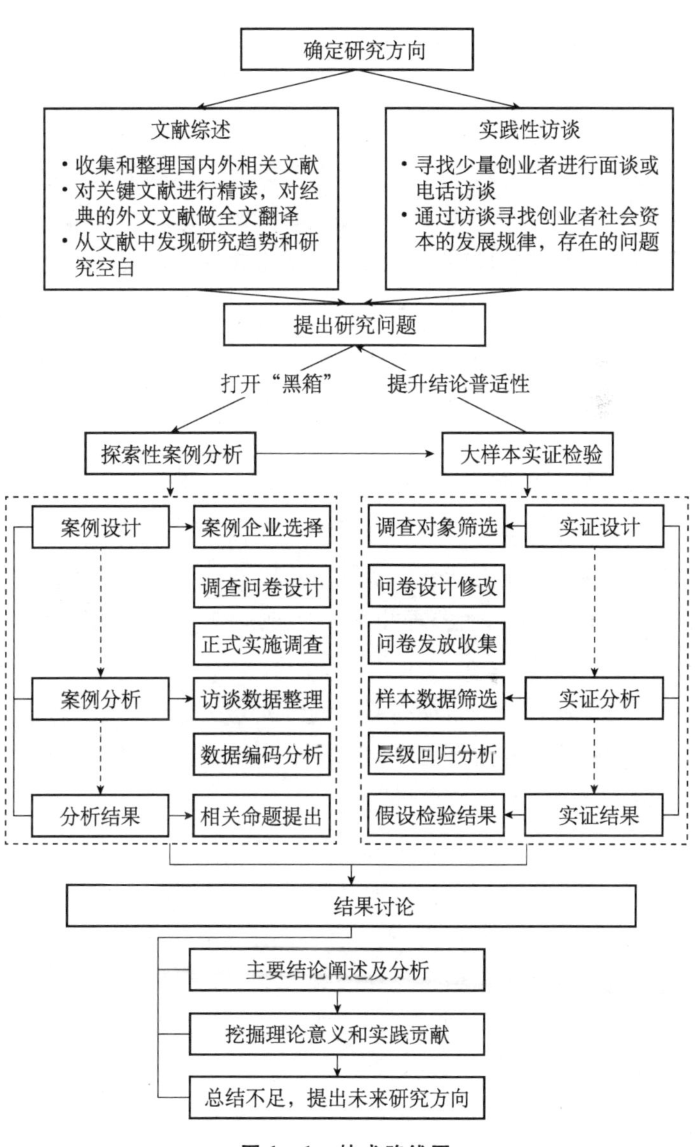

图1-1 技术路线图

1.6 研究创新之处

本书的研究是立足于目前学术界的研究文献基础之上，对相关问题进行深入的分析和研究。首先，通过探索性案例分析得出与我国社会实际情况相符的结论，主要为创业导向、社会资本和创业企业绩效之间的关系；其次，采用案例研究方法和实证性研究方法对目前学术界的研究成果进行验证，得出本书的研究结论，进而理清三者之间的关系。本书研究中可能的创新之处主要表现在以下三个方面：

第一，本书以动态跟踪案例研究的方法研究了创业导向在企业成长不同时期对企业绩效的作用机制。针对创业导向与企业绩效关系的争议性结论，现有研究大多从情境因素的影响去考虑，少有研究从企业成长的阶段性差异出发研究创业导向的作用。而 Su 等（2011）指出，创业导向对于已建立的和新创的企业可能有着不同的影响。基于此，本书借助纵向案例研究方法，有助于更清晰地观察在企业成长不同时期创业导向发挥的作用，从而加深对创业导向和企业绩效之间关系的理解。

第二，本书有助于丰富创业导向与企业绩效关系间权变因素的研究成果。现有研究关于权变因素的讨论大多数局限于组织和环境因素，比如环境动态性、行业特征、企业文化、高管团队特征等。很少有文章研究网络结构特征在两者关系中的权变作用，本书发现网络跨度和网络聚合分别调节创业导向和企业绩效之间的关系，这一发现印证了社会资本具有权变价值的观点，并与 Stam（2008）的研究结论一致，即特定网络结构对企业绩效的影响依赖于企业的创业导向。

第三，本书利用“理论分析”“案例分析”和“实证分析”相结合的方法不但有利于深入地了解创业导向和社会资本对创业企业绩效的影响机制，还有助于从个案分析中提取更具普适性的结论。在以往的研究中，很少有探讨创业导向、社会资本和创业企业绩效之间关系的文献。因此，本书首先通过探索性案例研究的方法尝试打开三者之间关系的“黑箱”，然后结合案例分析结论与理论分析进一步提出更具普适性的理论模型，最后通过实证分析的方法对相关理论假设进行验证分析，这种“理论—案例—实证”三者相结合的研究方法使得研究结论更加可靠。

第2章　文献综述

2.1　创业导向相关研究

2.1.1　创业导向内涵

Miller 和 Friesen（1982）对于创业以及相关问题的分析和研究被认为是创业导向概念的起源，他们在研究中指出创业导向是企业或个体层面的一种心理认知态度，Miller 和 Friesen（1982）在研究中突破了传统研究对创业范围的界定，通过对范围的扩展提出了公司创业的概念。在此基础上，Lumpkin 和 Dess（1996）对创业概念进行了系统性分析，提出创业主要是指企业在发展的过程中，根据市场变化情况以及企业内部的需求，为了进入新市场而作出一系列决策和活动的过程。创业导向是企业战略的主要类型之一，是企业战略的一种模式。

现有研究针对创业导向的探讨主要从成熟企业和新创企业两种视角展开：对于成熟企业而言，创业导向被视为一种企业层面的认知和态度，将其看作是企业战略模式、企业精神的一种表现形式。例如李雪灵等（2010）[46]认为，创业导向作为企业特有的心智模式和战略构念，企业采取创业导向战略是企业从激烈的市场竞争中脱颖而出的关键所在，从而有助于企业核心竞争力的提升。苏晓华和王平（2010）[47]认为，创业导向是企业在经营、实践和决策的过程中所采用的创新、承担风险、抢先行动、主动竞争和追求自治性的一种企业层面的精神，即创业导向是企业精神的重要体现。对于新创企业而言，创业导向指的是个体层面的一种心理认知和行为态度，代表创业者在进行创业活动时所表现出的积极承担风险、善于创新和乐于改变以及能够主动地采取行动、参与竞争的一系列心理行为特征。

不同学者从不同的角度对创业导向的内涵进行了分析，并且得出了与之相关的各种学术术语，例如，创业姿态（Covin & Slevin，1990）、创业风格（Covin 等，1988）、战略姿态（Covin 等，1994）、创业精神（Wikhmd，1999）、企业战略的倾向（Miller 和 Danny，1983；Hurley 和 Hult，1998；Matsuno，Mentzer 和 Ozsomer，2002）、战略过程（Knight，1997；Aloulou 和 Fayolle，2005；Lumpkin 和 Dess，2005；张玉利和李乾文，2009）等。但是总体来看，学者普遍认为创业导向是企业发展的战略选择，也就是说创业导向与企业发展战略紧密相关。

创业导向对于组织战略的实施、财富的创造以及绩效的提升具有重要的价值（Runyan 等，2012；张骁和胡丽娜，2013）[48,49]。采取创业导向型战略的企业将会不断地去追求创新性活动，积极开发新的产品与服务以满足市场上的新需求，并采取前瞻性的行为服务顾客，勇于承担风险，这些都将会带来高额的绩效（Rauch 等，2009；董保宝，2014；邢钰和郑丹辉，2014）[50,51,52]。创业导向战略已经成为企业提高市场竞争力、保持竞争优势的重要途径和方式之一，创业导向是对企业发展实践过程的关注。

综上所述，本书在分析和研究中将其界定为：创业导向反映的是创业者的一种心理特征和行为倾向，是指创业者在创业过程中所表现出来的承担风险，改变现状以及积极参与的一系列心理行为特征。

2.1.2 创业导向维度划分

对于创业导向的维度来讲，学术界从不同的角度和不同的层面对这一问题进行了探讨，同时随着学术界研究的不断深化，创业导向的维度内容以及维度层面的划分方法也在不断地发生变化（Lumpkin 和 Dess，1996）。Khandwalla（1977）提出创新性、可塑性和集权性几个方面的创业导向维度。Miller 和 Friesen（1978）在研究中提出企业在发展的过程中实施创业导向时，其存在明显的特征，其特征主要包括适应性、整合性、分析性、风险倾向性和创新性。

目前，学术界针对创业导向提出了不同的维度。具有较大影响力的主要为 Miller（1983）、Covin 和 Slevin（1989）提出的创新性、风险承担性以及先动性三维度观念和 Lumpkin 和 Dess（1996）在创业导向维度中提出的五维度，具体来讲，五维度除了以上三个方面之外还包括竞争积极性和自治性。

Miller（1983）提出的三维度缺一不可，认为缺少任何一个维度都不能看成是创业导向型企业。Covin 和 Slevin（1989）在研究中延用了 Miller 所提出的三维度观点，并且在研究的过程中对三维度进行了定量分析，通过分析得出三维结构具有较强的稳定性，延用了 Miller（1983）的观点，在分析和研究中以此为基础，通过实证测量提出这三维度之间具有独立性，但是由这三个方面所构成的创业导向结构具有较强的稳定性。Morris 和 Lewis（1995），Wiklund（2006）等人在研究中纷纷采用 Miller（1983）提出的三维观点，提出创新性、风险承担性和先动性是创业导向企业必须具备的特征，如果缺乏其中的维度，那么不能够将这类型的企业界定为创业导向型企业。

Lumpkin 和 Dess（1996）在创业导向型企业的研究中指出 Miller（1983）所提出的三维度过于严格，认为对于创业导向型企业在某些特点的环境下，不一定同时具备这三个维度，因此在此基础上提出了创业导向型企业在特定的环境下还会存在自主性和竞争积极性两个维度。在创业导向型企业维度的研究中提出创新性维度主要是企业通过一系列活动开发新产品和改善企业现有的流程；风险承担性维度主要是指企业在缺少足够多的信息条件下，利用企业的资源采取各种比较激进的活动，试图通过大胆的尝试来获得更大的成功；先动性维度是指企业能够根据实际情况对市场发展进行预测，并且根据对市场未来发展方向以及未来市场的需求，结合企业的具体情况和企业的实际状况采取各种有利于企业发展的策略；自主性维度主要是指企业能够根据内外部环境独立地提出观点或者愿景，并且将企业的观点和愿景付诸实践；竞争积极性维度主要是指企业为了获得市场竞争力，通过资源的投入和资源的安排主动获得市场核心竞争力的过程。他们指出以上五个维度是相互独立的。Lumpkin 和 Dess（2001）在研究中对五维度观点进行了更新，针对创业导向型企业的特点提出了 21 个重要题项。Jambulingam（2005）在 Lumpkin 和 Dess（1996）的研究基础上增加了激励性这一维度。

从国内外学者的研究文献中可以得出，创业导向型企业的本质在于创新。虽然不同学者从不同的角度对创业导向型企业的维度进行了划分，同时划分的结果存在差异，但是不难发现，这些不同的划分结果存在交叉的状况。本书在分析和研究的过程中，结合国内外学者的研究现状，采用 Miller（1983）、Covin 和 Slevin（1989）等人提出的三维度观点，并且在分析和研究的过程中借鉴 Lumpkin 和 Dess（1996）以及其他学者的分析和研究，对其进行了详细的分析。

（1）创新性。创新是企业发展以及社会发展的关键和核心（Dmcker，1985；Lumpkin 和 Dess，1996）。对于创业导向型企业来讲，创新性是最为核心的维度和主要特征（Covin 和 Miles，1999）。

约瑟夫·熊彼特（1911）在《经济发展理论》中提出：推动和促进企业经济发展的主要源泉在于创新，创新比劳动力和资本对经济发展的贡献更加明显。Kimberly（1981）提出企业背离现有技术和现有的流程，对企业未知领域的探索和开发就是企业的创新活动。Garland（1984）针对创新进行了分析和论述，提出了创新的主要特征：首先，创新是创造出新产品、新技术和新服务的一系列活动；其次，创新是开辟新的领域和新的市场。Covin 和 Slevin（1989）指出创新性企业在发展的过程中，解放生产力和解放思想，并且将各种新的思想运用到企业的实践活动中。Mcgill 和 Slocum（1993）认为创新性在一定程度上代表了企业开发新技术、新产品和新服务的意愿和倾向。Morris 和 Lewis（1995）认为创新性为企业的发展提供了动力，通过创新发展能够全面提高企业的市场竞争力以及企业的发展速度。Lumpkin 和 Dess（1996）指出如果缺乏创新性这一特点和维度就无法被认定为创业导向型企业。

学术界从多个角度对创新进行了分析，根据创新的内容对其进行了划分。Lumpkin 和 Dess（1996）认为创新性包括产品和技术。技术创新包括企业对现有工艺、流程以及设计等方面进行改进和创新；产品市场创新主要是针对企业产品和市场开发进行的创新，主要包括企业市场调研、营销调研、促销活动以及广告投放等多个方面。Lumpkin 和 Dess（1996）认为，技术创新和产品市场创新是紧密联系在一起的，两者相互促进，相互影响。Dess 和 Lumpkin（2005）在企业创新的研究中提出了管理创新的概念，认为企业在实践过程中针对企业管理结构、管理系统和控制活动进行优化和改造，实现对管理的创新性发展。自从管理创新的概念被提出以来就得到了学术界的广泛关注，大部分学者认可管理创新的存在。

综上所述，创新性是一个非常重要的维度，它代表了创业企业开展活动的基本特性。本书将创新性定义为创业者支持产品或技术创新的意愿。

（2）风险承担性。创业是在不确定性情景下进行的，开发新产品、新技术和新流程会带来一定的风险。Cantillon（1755）认为企业家（创业者）和雇员最本质的区别就是风险承担性，雇员领取固定工资，而企业家替雇员承担了产品价格浮动的风险，即承担了来自不确定性的风险，企业家实际上在管理风险，而企业的盈利正是企业家承担风险所获得的回报。因此，风险承担性是描述创业特征的重要概念（Lumpkin 和 Dess，1996），是创业行为的一个本质特征。

Miller 和 Friesen（1978）认为风险承担性是指经理人愿意投入庞大且具有风险性的资源的强烈程度或承诺程度。Covin 和 Slevin（1989）认为风险承担性是指企业愿意承担新项目投资所带来的不确定性的倾向。Morris 和 Lewis（1995）认为风险承担性是指企业是否愿意将内部大量的重要资源投入风险较高的领域中。Lumpkin 和 Dess（1996）认为风险承担性是指企业为了获取更多的能够带来高报酬的市场机会，进而投入大量资源承诺或进行大量借贷。

风险承担性是创业导向型企业的基本维度，已经得到了学术界的普遍认可。风险承担性是企业文化的重要内容。本书在分析中，根据学术界对这一维度的分析和探讨，将风险承担性界定为企业对新产品、新技术的开发以及进入新市场后存在的各种不确定性的承担意愿。企业实施创新活动必然会带来一定的风险。

（3）先动性。先动性使创业导向型企业能够在市场发展中积极承担风险（Stopford 和 Baden，1994），具有先动性特点的企业往往能够作出各种新的尝试（Lumpkin 和 Dess，1996），同时，企业在市场发展中所表现出来的活动表现出大胆和激进的特征（Covin 和 Slevin，1991）。

Miller 和 Friesen（1978）认为，创业导向型企业的先动性体现在企业发展中的各个方面，而且企业的一系列创业行为能够使企业进入新的市场，从而优化企业外部环境，同时他还提出了判断先动性的标准即企业是对环境的适应还是对环境的改变。Miller（1983）认为，先动性是企业在发展的过程中根据企业的实际需求引入新技术和新产品的倾向，同时，企业在市场发展中能够主动去获得行业领先的地位。Lieberman 和 Mofltegomery（1988）认为先动性是企业实现可持续发展的重要途径，企业如果具有这一特性，那么就能够积极地利用外部机会，通过对外部机会的把握和运用提高企业的发展能力。Covin 和 Slevin（1989）认为先动性代表了企业改革的倾向，并且能够采取具体的行动来满足未来市场的需求。Venkatraman (1989)[85]指出企业的先动性主要是指企业在发展中不断追求新机会和新产品的过程。Covin 和 Slevin（1991）认为企业先动性主要是指企业是否能够根据对外部环境的预测采取主动的行为来获取竞争优势，代表了企业的创新精神和冒险精神。Lumpkin 和 Dess (1996）指出先动性代表了企业前瞻性和把握机会的能力。Aloulou 和 Fayolle（2005）[86]指出积极竞争行为和对新机会的追求是企业先动性的两个属性。因此，先动性是创业导向型企业不可或缺的维度之一，先动性体现了企业的前瞻性和企业对新机会的追求。创业导向型企业在发展的过程中能够积极地追寻新的发展机会，获得比竞争对手更早的优势，从而在市场中处于领先地位。本书在分析中将先动性界定为企业在实践活动中积极开发产品、新服务和新管理，并且采取一定的措施和行动向竞争对手发起挑战，进而巩固在市场中的领先地位，试图获得领先于企业竞争对手的意愿。

2.1.3 国内外创业导向相关研究

（1）国内相关研究。国内学者近年来以创业导向为关键词展开了大量的分析和研究，其中大多数研究集中在创业导向对企业绩效的影响上，但各自研究视角、层面都有所不同。

其一，在创业导向的影响效应层面，不同学者从绩效的不同视角展开创业导向对其的影响研究，主要包括企业绩效、创业能力、组织创造力、创业学习等。具体而言，有关创业导向对企业绩效的影响研究较为丰富，学者们从不同视角考虑了创业导向对不同层面的企业绩效的影响。例如，关于创业企业成长绩效的影响，任胜钢等（2016，2018）[53,54]利用案例研究和实证研究的方法分别探讨了创业导向对创业企业成长不同时期的企业绩效的作用机制；刘小元等（2017）[55]运用社会情感财富理论，实证研究了创业导向对新创家族企业成长的影响；王国红等（2018）[56]运用探索性案例研究的方法，围绕创业拼凑思维与操作的复合视角，探究了创业导向如何在新创企业中通过创业拼凑的作用向良好的企业成长绩效转化；关于新产品开发绩效的影响，唐贵瑶等（2016）[57]在探讨战略人力资源管理对公司创业的影响中发现，与高创业导向型战略相匹配的战略人力资源管理能够更好地帮助员工获得更高的工作技能和能力进行创造和创新，从而促进企业新产品开发；关于店铺利润的影响，陈转青等（2017）[58]以网络个体创业者为研究对象，通过收集分析1 000 个淘宝卖家的样本，探究了不同水平营销资源下网络个体创业者创业导向对店铺利润的影响；关于企业绩能的影响，于渼川等（2017）和徐可等（2018）[59,60]借助价值链创新理论探究了创新驱动与创业导向对新创在孵企业绩能（即组织绩效和动态能力）的不同影响；关于技术商业化绩效的影响，蔡新蕾（2017）[61]在探讨制度因素对企业技术商业化绩效的影响中发现，创业导向更有利于增加正式制度对技术商业化的影响，而在非正式制度对技术商业化的影响中，较低水平的创业导向反而更为有效；关于财务和创新绩效的影响，韩晨等（2018）[62]通过引入不同层面和不同类型的两种创新模式（即竞争战略创新和原始性产品创新）探究了创业导向对企业财务绩效和创新绩效影响的作用机制；李颖等（2018）[63]研究发现政府支持是创业企业可以获取的资源，但只有借助创业导向的作用对资源进行进一步的管理和利用才能有效地发挥其对创业企业创新绩效的影响；陈岩等（2018）[64]研究发现知识资源通过创业导向的中介作用影响企业创新绩效，他指出创业企业的知识资源越丰富，企业更倾向于将资源运用于创新性产品的制造，企业更容易将创新作为日常行为，往往这类企业创新绩效更佳；关于小微企业绩效的影响，易朝辉等（2018）[65]基于创业者特质和社会认知理论，利用结构方程模型分析了创业导向在创业自我效能感和科技型小微企业绩效之间的关系；关于大学衍生企业创业绩效的影响，卞庆珍等（2018）[66]以大学衍生企业为研究对象，探究了大学溢出性资源如何通过创业导向的中介作用影响大学衍生企业的创业绩效。

此外，在众多关于创业导向的研究中，除了大量探讨其与企业绩效的关系之外，还有少量研究探讨了创业导向对组织创造力、创业能力、组织惰性、知识产权能力、创业学习以及知识资源获取等的影响。例如，马喜芳等（2016）[67]从组织战略高度和组织文化视角出发，探究了集体主义和知识整合能力在创业导向与组织创造力关系之间的作用；尹苗苗等（2016）[68]从企业层面的创业能力出发，考察了新创企业创业导向对创业能力（包括机会识别能力和资源整合能力）的影响，并检验了环境不确定性的调节作用；白景坤等（2016）[69]在以中兴通讯为案例企业的研究中发现，创业导向对组织惰性的作用具有不确定性，既可能克服组织惰性，也可能并不对组织惰性产生影响，甚至还可能强化组织惰性，只有在环境威胁和创业导向的共同作用下，组织惰性才能有效消除；池仁勇等（2017）[70]探究了创业导向对企业知识产权能力（知识产权创造能力、知识产权运用能力、知识产权管理能力）的影响；刘人怀等（2017）[71]探究了创业导向不同维度（创新性、风险承担性和超前行动性）在创业拼凑和创业学习之间发挥的重要作用；李颖等（2018）[72]基于信号理论和资源基础理论，研究发现，创业导向与知识资源获取之间存在倒“U”形非线性关系，中等程度的创业导向能够准确传递出创业企业的行为意图，改善资源所有者对其的认知，更有利于创业企业知识资源获取。

其二，在影响路径层面，有的学者探讨了创业导向、社会资本与绩效之间的关系，有的学者研究不同类型制度、环境因素在创业导向和绩效之间发挥的作用，还有的学者研究了创业拼凑和创业导向的交互效应。例如，任胜钢等（2016，2018）利用探索性案例研究法和实证分析数据探究了创业导向与结构社会资本的交互作用对创业企业成长绩效的影响；李颖等（2018）基于信号理论和资源基础理论，探讨创业导向与知识资源获取之间的关系，并关注创业者社会网络（个人网络/商业网络）对两者关系的调节效应；王国红等（2018）从动态视角出发，基于生命周期理论探讨新企业创业导向通过创业拼凑转化为成长绩效的内在机理。

（2）国外相关研究。近年来，国外学者针对创业导向也展开了大量的研究，其一，在创业导向的影响效应层面，主要集中在创业导向对企业绩效的影响研究上，但研究视角、理论基础、理论模型都有所不同，对于创业导向相关研究的理论成果起到了十分重要的丰富作用。Song 等（2017）[73]基于组织二元性理论，构建了五个假设来描述创业导向、市场导向和技术导向之间的关系，以及它们对新企业绩效的影响。通过对 199 家新创企业的抽样分析，研究结果表明，探索型创业导向和开发型技术导向对创业绩效有显著影响，而开发型市场导向对创业绩效没有显著影响。创业导向与技术导向的交互作用对创业绩效有显著的正向影响。Shan 等（2017）[74]开发了一个概念模型来检验创新速度如何影响创业导向与绩效之间的关系，研究发现，创新速度越快绩效越高。但创业导向对于创新速度的影响却与传统观点不同，对于创业导向三个不同的维度而言，创新性是提高而不是降低创新速度，风险承担性会降低而不是增加创新速度，先动性对创新速度的影响呈倒“U”形关系。Wang 等（2017）[75]通过整合创业导向和新企业合法性的研究，检验了合法性与创业导向的联合作用对新创企业绩效的影响，合法性有助于克服新的企业由于其创新的责任而缺乏资源和能力的限制，使新企业获得必要的资源和发展必要的能力，创业导向和合法性共同提高了新企业的业绩，研究发现，通过创新、主动和冒险的决策和行为表现出的创业导向的新企业，如果他们也积极进行合法性努力，以满足利益相关者的认知、监管和规范性期望，则可以获得更高的绩效。Criado 等（2018）[76]从动态能力的视角出发，探讨了动态能力和公司内部创业对可持续创业导向与企业绩效之间关系的调节作用，研究结果指出，可持续的创业导向是组织促进可持续性和提高绩效的战略支柱。Jiang 等（2018）[77]以 264 家中国创业公司为研究样本，实证分析了绿色创业导向对环境绩效和财务绩效的影响，研究发现，绿色技术动态性只对绿色创业导向与环境绩效的关系具有负向调节作用，而知识转移与整合对绿色创业导向与环境绩效、财务绩效的关系具有正向调节作用。

此外，还有少量学者引入新的视角对创业导向和企业绩效之间的关系展开研究。例如，Fuentes 等（2015）[78]旨在通过研究女性企业这一特定背景，对创业导向与绩效之间的关系提供新的见解，从西班牙女企业家样本中获得的研究结果表明，创业导向与经营业绩和财务业绩正相关，而知识获取仅通过其对创业导向的影响来影响财务绩效，说明知识获取对创业导向具有中介作用。Kollmann 等（2017）[79]指出先前大量研究聚焦在组织间的创业导向差异上，少有关注组织内创业导向水平的变化和作用，Kollmann 通过实证研究发现，组织内先动性多样性对团队绩效产生损害作用。与此同时，风险承担多样性对团队绩效也会产生负面作用，然而，创新性多样性则对团队绩效产生有益影响。

其二，在创业导向的影响因素层面，学者们从组织层面、个体层面、技术层面以及政策层面展开了对创业导向影响的探讨。例如，Engelen 等（2014）[80]研究了影响创业导向的组织背景以及促进创业导向的驱动力，文章以 643 家德国和泰国企业为样本，分析了组织文化对企业创业导向的影响以及国家文化如何影响这一关系，研究结果表明，一种依附型的组织文化对促进创业导向最为有效，尤其是在个人主义强、权力距离小的民族文化中，而层级型的组织文化则是创业导向的障碍。Tuan 等（2016）[81]旨在探讨组织二元性对创业导向与个性化契约（i-deals）的预测作用，通过来自越南软件公司的 427 对主管—下属的横截面数据，文章利用结构方程模型检验了组织二元性对创业导向与个性化契约（i-deals）的影响以及企业社会责任在组织二元性对创业导向影响中的调节作用，研究结果证实了企业社会责任对组织二元性与创业导向的正向影响。创业导向也被认为是个性化契约（i-deals）的一个强有力的预测因素。Boling 等（2016）[82]检验了 CEO 任期在家族企业和非家族企业中创业导向的不同变化，根据从代表五个行业的 210 家公司收集的二级数据，结果显示 CEO 任期与创业导向之间呈倒"U"形关系，与高管生命周期文献一致。此外，与非家族企业相比，家族企业中的倒"U"形不太明显，并且在 CEO 任期内创业导向的水平在随后相当长的时间内达到高峰。Garcia 等（2018）[83]分析了社会资本在技术动力与创业导向之间的调节作用，填补了企业管理者从环境"设定"出发发展创业导向过程中的空白。文章分析了社会资本不同维度对技术动力与创业导向之间关系产生差异影响的方式，主要贡献在于通过对社会资本维度的分析，论证社会资本效应是如何改变技术动力的影响的。Dai 等（2018）[84]探讨了中央政府颁布的经济政策如何影响我国民营企业的创业导向，与环境决定论的观点不同，文章结合战略选择理论与制度理论，认为企业家对新政策的认知与周围制度环境相互作用，共同塑造企业的创业行为。具体来说，企业家越是认为新政策的有效性越高，他们的公司就越有可能通过参与创业活动来利用这些政策。然而，设在体制发达地区的私营公司没有比那些体制发展水平较低的地区的私营公司有动力从事更多的创业活动。此外，对于有政治关系的公司来说，新政策的感知有效性和企业导向之间的关系被缓和。

2.2 社会资本相关研究

学术界对社会资本的研究主要是从社会学的研究基础上发展而来的。学术界在研究中逐渐将社会资本运用到知识管理和创新领域等方面。从本质上来讲，创业活动属于创新的范畴，因此从20世纪90年代开始，学术界在创业相关问题的分析和研究中逐渐引入了社会资本的概念。Slotte-Kock 和 Coviello（2010）[87]在研究中发现，网络对创业的影响越来越大。近年来，随着我国社会创业活动的增加，我国学术界在创业以及相关问题的分析和研究中也引入了社会资本的概念及其相关理论（张玉利，杨俊等，2012）[88]。

对于创业者来讲，社会资本主要包括嵌入创业者关系网络中一切可以被利用的资源总和（Nahapiet 和 Ghoshal，1998）。学术界的研究已经表明，创业者的社会资本对于创业者的创业产生了至关重要的影响，是影响创业的重要因素之一（De Carolis 等，2009；张玉利，2008）[89,90]。Coleman（1988）[91]在分析和研究的过程中对社会资本进行了界定，认为社会资本主要是指创业者以创业为目的而获取蕴含在创业者社会关系网络中的资源。Burt（1997）[92]在社会资本的界定中，从结构主义的角度对其进行了分析和界定，认为社会资本是社会成员从不同社会结构中获取的利益。

2.2.1 社会资本的维度划分及相关研究

Nahapiet 和 Ghoshal（1998）在研究中根据社会资本的定义，对社会资本进行了维度划分，具体来讲将社会资本的维度划分为结构维度、关系维度和认知维度。按照不同的维度可以实现对社会资本各种变量的划分和归类。

社会资本结构维度是指个体与个体之间联系的数量和种类，而个体之间的联系分为直接联系和间接联系。具体来讲社会资本结构维度主要包括网络跨度、结构洞、网络位置、网络中心性、网络密度等（Tsai，2001）[93]。Stam 和 Elfring（2008）在相关问题的分析和研究中发现，如果创业者处于较高的网络位置，那么创业者就能够获得更多有价值的信息，对于提高创业者的创业能力以及创业成功率产生积极的作用。Baum 等（2000）[94]主要以加拿大生物医药行业为例，对网络结构与创业绩效之间的关系进行了分析和研究，通过分析得出创业者主要通过网络空洞来获取所需要的各种咨讯和信息，因此提出低密度的网络能够提高创业者的创业绩效。结构洞主要是指存在于不同网络个体之间非冗余信息的鸿沟（Burt，1992）。网络跨度是指网络关系跨越组织和社会边界的程度（Reagans 和 McEvily，2003），Patel 和 Terjesen（2011）[95]通过大量的实践表明，网络跨度与联系强度的正向组合能全方位地促进和提高创业绩效，对于创业者创业起到巨大的促进作用。网络规模主要是指网络中与其他个体之间的联系数量（Hoang 和 Antoncic，2003）[96]。

社会资本的关系维度表现为不同的类型，具体来讲主要包括强联系、弱联系和信任。社会资本关系维度中的强联系表现为个体与个人之间的联系十分密切。例如，亲人和朋友就属于强联系（Granovetter，1973）[97]。Sequeira 等（2007）[98]研究并检验了社会网络联系和自我效能感如何影响创业意图和新生行为，研究发现，个人网络中的强联系与高的创业自我效能感的共同作用，增加了创业意图和新生行为的可能性，而个人网络中的弱联系与实践商业知识和经验的共同作用，增加了创业新生行为的可能性，但对创业意图不产生影响。相比之下，个人网络中的强联系与实践商业知识和经验的共同作用对创业意图或新生行为几乎没有影响。Smith 和 Lohrke（2008）[99]认为虽然一个企业家的网络可以提供一个重要的社会资本来源，进而增加一个新企业成功的可能性，但研究网络局限于讨论这种网络是如何形成的，而忽略了信任在这一过程中的重要作用，文章指出，随着企业家在网络发展过程中的移动，他们对基于情感和认知信任的交换关系的依赖程度也会发生变化，即情感和认知信任对于创业同样发挥着重要的作用。Liebeskind（1996）[100]对社会资本的关系维度进行了分析和研究，指出对于科技型公司来讲，科学家之间的关系是实现知识获取和知识转移的重要途径。Larson（1992）[101]基于社会经济交换理论，认为创业网络活动包括三个关键阶段，这些阶段用于确保创业所需的关键经济和非经济资源：（1）关注基本的二元关系；（2）将二元关系转换为社会经济交换；（3）将交换分为多个交换过程。文章指出，通过相互信任关系的建立和维护，创业者能够从战略同盟处获得相应的资源。

De Carolis 和 Saparito（2006）在社会资本的研究中提出通过主体之间的分享，能够形成网络中不同主体共同的习俗和价值规范，对于创业机会的开发起到积极的作用。Liao 和 Welsch（2005）[102]以美国为例进行了实证性的分析和研究，旨在探讨：（1）社会资本的三个维度在技术密集型新企业中如何相互作用；（2）在多大程度上不同于非技术型新企业的相互作用；（3）社会资本的三个维度如何以不同于非技术型企业的方式影响技术型新企业的增长意愿，研究发现基于技术的企业家更多地受益于关系嵌入性，即非冗余信息的更自由和更大的交换。非技术型企业家更多地受益于社会网络的广泛性。社会资本的每一个维度都加强了以技术为基础的新企业中其他维度的创造，而这些维度反过来又有助于企业成长的愿望。

Tsai 和 Ghoshal（1998）[103]利用从一家大型跨国电子公司所有业务部门的多个受访者收集的数据，研究了社会资本的结构、关系和认知维度之间以及这些维度与公司内部资源交换和产品创新模式之间的关系。研究发现，社会互动是社会资本结构维度的表现，信任是其关系维度的表现，与单位之间资源交换的程度显著相关，进而对产品创新产生显著影响。具体而言，社会资本三个维度之间的关系如图 2-1 所示。

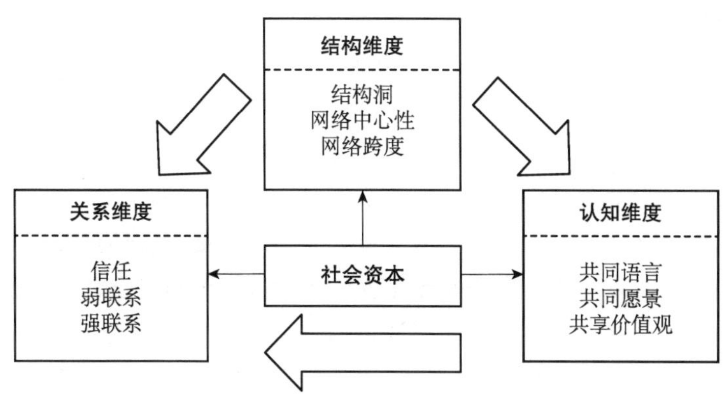

图2-1 对社会资本三维度关系的研究

2.2.2 网络跨度相关研究

网络跨度是资本结构中最为主要的组成部分，Burt（1992）在研究中指出个体网络跨度与网络联系之间的结构洞存在正相关的关系。而结构洞代表了具有相关优势的网络位置，通过结构洞能够将不同的网络连接在一起，通过这些网络的连接来获得明显的信息和资源优势。但是学术界对网络跨度的作用存在一定的争议，存在“乐观者（optimists）”和“悲观者（pessimists）”之分（Reagans和Zuckerman，2001）[104]。其中乐观者的观点认为网络连接中表现出较强的异质性特点，这一特点能够增加团队内部知识的多样性，对于整个团队的创新发展和团队的成长产生积极的作用；而悲观者认为密集型网络增加了个体之间信任的可能性，从而能够提高团队的合作意识和合作效果，进而能够提高组织的绩效。以上的争议是目前学术界对社会网络研究中的主要代表观点。

网络理论（Network Theory）认为网络的形成和运用决定着创业者以及企业的发展程度。网络中包含着各种信息和资源（Watson，2007）[105]，网络跨度反映了网络化的一种状态和形态。目前，学术界主要从个人层面、项目层面、团队层面和企业层面对这一问题进行了分析和研究。

（1）个人层面。个体网络为研究网络跨度提供了基础。Patel 和 Terjesen（2011）[106]基于跨国企业家的背景，研究了网络跨度和联系强度对企业绩效的互补效应，网络跨度有助于获取广泛的知识和资源，但这些资源只有在强联系的支持下才能够被激活。与此同时，紧密的联系提供了可靠的连接，但缺乏网络跨度的话就会导致网络闭合，基于452家企业的样本分析发现，网络跨度和联系强度能有效地提高企业绩效。网络跨度对于知识获取的研究主要是 Reagans 和 McEvily（2003），其在研究中以美国企业为例，全方位分析了企业内部知识专业等相关的问题，通过研究发现网络跨度与企业知识转移存在一定的关系，也就是说能够促进和推动组织吸收外部的知识和技能，实现内部知识和技能在企业内部各个部门之间的转移。McFadyen，Semadeni 和 Cannella（2009）[107]研究了大学研究科学家之间的知识创造，提出知识创造在某种程度上依赖于研究专业网络的两种结构（即平均联系强度和自我网络多样性），对177名科学家在11年时间里与14 000多名其他科学家合作发表的7 300多份科学出版物的研究表明，大学研究科学家的专业网络与知识创造之间的关系取决于自我网络多样性和平均联系强度。Phelps（2010）[108]在探究企业联盟网络结构与构成对其探索性创新影响的研究中发现，一家公司的联盟伙伴的网络多样性增加了其探索性创新。与此同时，企业联盟伙伴之间的网络密度增强了多样性的影响。这些结果表明，网络封闭的好处和访问不同的信息可以共存于企业的联盟网络，两者的结合增加了探索性创新。钱锡红、杨永福和徐万里（2010）[109]基于社会网络分析方法和管理学相关理论，以深圳市 IC 产业为例进行实证分析发现，位于网络中心并占有丰富结构洞（即网络多样性高）的企业在创新方面将更具优势，而企业知识获取、消化、转换和应用能力能有效地推动企业创新绩效的提升，并且知识获取和知识消化能力越强，则企业通过改善网络位置而获得的创新收益越大。

（2）项目团队层面。Miller 和 Triana（2009）[110]分析了人口统计多样性与企业绩效之间存在的关系，通过分析和研究得出，项目团队中种族属性的差异越大，企业在声誉和创新方面表现得越好，公司绩效越高，而项目团队中人口属性差异越大，在创新方面的绩效越高。Tortorieno，Reagam 和 McEvily（2011）[111]提出并检验了一个理论论点，即强调跨越边界发生的更广泛的网络环境的重要性。具体而言，文章考察了联系强度、网络聚合和网络跨度如何影响跨单位知识转移关系中获得的知识水平，研究结果表明，知识的转移在企业内部和外部存在不同，也就是说知识的转移会发生在企业内部各个部门之间，同时也会发生在外部企业与企业之间，但是不同的知识转移效果存在差距。然而网络跨度的作用并不是恒定不变的，也就是说网络跨度的作用随着环境的变化而变化。Vineerma 和 Maseia（2012）[112]认为项目团队的社会资本增加了知识整合，进而在项目层面产生高水平的绩效。研究表明尽管异质性增强了创造性解决问题的能力，并允许个人分享不同的联系方式、技能、信息和经验，但以项目社会资本为特征的多样性水平过高会降低吸收能力，进而降低项目绩效。因此研究结果显示，项目团队网络跨度与绩效之间存在倒“U”形的关系。当网络跨度为中等水平时，与之对应的项目绩效最高。魏钧等（2014）[113]基于社会资本理论，检验了社会网络传递性在团队多样性和企业内部知识转移之间的中介作用，对来自中国某银行 92 个团队的 1 159 人进行了调研，结果表明传递性在教育程度多样性与知识转移之间扮演完全中介的角色以及在年龄多样性与知识转移之间扮演部分中介的角色。陈立勇等（2016）[114]研究表明，网络跨度、网络关系强度与利用式创新、探索式创新均呈倒“U”形关系，网络跨度的提升将先抑制利用式创新，再抑制探索式创新，而网络关系强度的提升则先抑制探索式创新，再抑制利用式创新。网络关系强度正向调节网络跨度与利用式创新的关系，而对网络跨度与探索式创新关系的负向调节作用则不显著。

（3）企业层面。Kreiser（2011）将网络跨度的概念引入了创业导向和组织学习问题的分析和研究中。在研究中将企业看成是一个有机的实体，通过实证性的分析和研究得出网络跨度能够为企业提供非冗余性资源，并且从理论的角度对网络跨度的作用进行了解释和说明。陈熹等（2015）[115]通过对228家创业企业问卷调查的研究结果表明，网络跨度和联合制定规划对创业企业成长绩效具有显著的正向影响，环境复杂性正向调节网络跨度和企业成长绩效之间的关系，而环境动态性正向调节联合制定规划和创业企业成长绩效之间的关系。

2.2.3 网络聚合相关研究

网络聚合表现为强联系的包围程度（Reagans 和 McEvily，2003），网络聚合程度与网络成员的联系紧密程度之间存在紧密的关系。传统社会资本理论认为具有较强凝聚性的社会联系会推动社会规范和惩罚机制的诞生和发展，这种机制的形成有利于形成成员之间的相互信任以及合作交换的关系。网络聚合与网络闭合在学术界研究知识转移的过程中经常被通用。网络聚合和网络闭合在结构上存在一定的类似之处，但是需要明确的是，网络聚合和网络闭合是两个不同的概念（Rcagans 和 McEvily，2003）。Coleman（1988）对网络闭合进行了分析，认为网络闭合与网络聚合之间存在不同和差异。Coleman 指出对于网络闭合的研究会涉及团队准则、共同目标和相似行为，这些准则和目标能够形成一个封闭的系统，在封闭的系统中，各个成员之间存在强联系关系。而网络聚合在问题的研究中更加关注共同的强联系。网络闭合要求网络中的成员之间必须全部存在强联系关系，而网络聚合则不需要成员之间均存在强联系关系。因此，从这个角度来讲，网络聚合和网络闭合是从属关系，也就是说网络聚合不一定是网络闭合。

Shaw（1981）的网络聚合代表了成员之间的吸引程度。部分学者的研究结果表明聚合较高的高管具有较强的整合和交流能力。因此，他们的整合和交流程度也相对较好。这种类型的团队能够对外部环境的变化作出及时的响应，并且采取相应的行动（Smith等，1994）[116]。

Coleman（1988）在相关问题的分析和研究中提出了“闭合”理论，这一理论对网络中的成员进行了分析，认为网络中的成员主要包括个人和组织，而网络对于个人和组织均会产生影响。在这一理论被提出以来，学术界围绕网络聚合和网络闭合进行了大量的研究，存在大量的争议。其中支持的一方认为密集型网络能够有效地提高组织成员之间的合作和交流（Reagans和McEvily，2003）。持怀疑的一方认为“结构闭合”导致外来资源难以进入网络，长期以往，这种结构闭合必然会导致外部信息流入受阻，网络信息资源冗余增加（Gargiulo和Benassi，2000）。从现有的文献中可以看出，当前学者对网络聚合或闭合的研究可以大致分为三类：第一类偏重于密集型网络的作用；第二类偏重于开放性网络的作用；第三类则倾向于最优网络组合。

（1）密集型网络。支持“闭合”理论的学者在网络的研究中十分重视密集型网络的作用。例如，Chai等（2011）[117]以知识管理与社会网络学科为基础，探讨了网络闭合对组织竞争优势的影响，网络闭合程度通过影响组织的知识识别、知识转移、知识保护和知识制度化能力，进一步影响组织的竞争优势。通过对78家中国石化企业的调查数据进行分析表明，网络闭合既能提高企业的竞争优势，又能降低企业的竞争优势。网络闭合通过促进知识保护和转移、知识制度化增强组织的竞争优势，但通过阻碍知识识别降低竞争优势。进一步，文章还提出在动态环境中运作的组织，当领域知识处于流动状态时，需要高度重视知识的识别；这样的组织应该选择一个稀疏的网络，允许他们接受不同的知识。相比之下，在稳定环境中运作的组织应选择密集的网络，以保护其知识并促进所需知识的转移。

Ensley 等（2002）[118] 通过实证分析和理论研究对团队凝聚与绩效之间的关系进行了全方位的分析和研究，通过研究得出团队成员之间的关系会随着高层管理团队凝聚程度增加而增加。也就是说，对于一个团队或者一个项目来讲，高层凝聚程度的增加对团队成员之间的矛盾和冲突产生影响，对于情感矛盾和知识矛盾的影响出现不同的变化，因此，从这一角度来讲，团队凝聚程度对于团队创新会产生积极的影响。Reagans 和 McEvily（2003）对内部知识转移进行了探讨，通过多方面的分析和研究得出网络聚合对知识转移会产生多方面的影响，推动知识在内部的转移。Chang 等（2014）[119] 以中国 55 家高科技企业、238 个团队和 1 059 名个人为样本，采用 3 层 2 阶时间滞后数据，研究了影响员工创造力的多层次组合模型，文章指出宏观层面的企业高投入工作系统会正向影响中观层面的团队聚合（团队凝聚力），进而对微观层面的个体创造力产生影响。

大部分学者在分析和研究中对直接作用进行了分析和研究，但是不可否认的是网络聚合和网络闭合在特定的情况下具有调节性的作用。例如，Kreiser（2011）通过研究得出网络闭合能够在一定程度上对创业导向与验证性学习的关系产生调节作用。

（2）开放性网络。支持开放性网络的学者在分析和研究中指出需要保持一定的网络开放性，防止网络过度密集，认为开放性的网络对于个人创业绩效产生促进和推动的作用。Vineenm 和 Mascia（2012）在分析和研究中，对网络聚合进行了全方位的分析和研究，进而提出了其不足：首先，当凝聚程度达到一定水平之后，就会导致信息重复冗余，这种状况在一定程度上阻碍了企业的内部创新；其次，外部凝聚过度会导致信息资源过载，项目无法通过自身的能力对这些信息和资源进行吸收。因此过度的凝聚在一定的条件下可能对项目绩效的提升产生负面的影响和作用。Portes 和 Semenbrenner（1993）提出，虽然网络聚合能够使得创业者获得大量的资源和信息，但是创业者在获得信息和资源之后会产生一定的心理负担和责任，导致在今后的发展过程中必须与网络产生较强的联系，导致需要花费更多的经历和成本去维护网络关系。

（3）最优网络组合。Burt（2000）[120]认为稀疏网络和聚合网络具有互补作用，其中前者对企业创新具有一定的作用和影响，而后者主要对组织知识吸收产生积极的影响。Gargiulo 和 Benassi（2000）[121]探讨了网络如何创造社会资本的两种对立观点之间的可扩展性，网络闭合（Coleman，1988）强调了凝聚力在促进合作的规范环境中的作用，而结构洞理论（Burt，1992）认为，凝聚力是阻碍复杂组织任务协调的刚性来源。利用一家跨国计算机制造商意大利子公司新成立的一个特别部门的数据。结果表明，聚合网络中合作的“安全”与由结构洞丰富的网络所提供的“灵活性”之间的有效权衡才能最大地发挥作用，文章认为，尽管富含结构洞的网络能够为创业者提供各种资源和信息，但是这些信息和资源需要通过聚合网络中形成的安全合作规范进行进一步的开发。Reagans 和 Zuckerman（2001）提出网络跨度和网络聚合是网络研究中不可或缺的部分。而在未来的分析和研究中，最优网络组合必然会成为研究的重点内容。

除此之外，近年来，还有少量学者提出了一些不同于上述三种网络结构观点的看法，例如，尽管先前大量的研究表明，团队凝聚力和团队绩效之间存在着积极的关系，但 Wise（2014）[122]指出这并没有描述出两者关系的整个画面，与社会网络分析中的大多量测度（如信任、联系强度、中心性）一样，该研究发现一件好事过多后可能会产生负面影响，如同过多的信任（过少的信任）会损害绩效一样，过多的网络聚合也会导致绩效低于最优值。具体而言，网络聚合的好处（例如，减少知识转移中的摩擦，提高工作满意度等)，相反，过多的网络聚合会导致负面结果（例如，群体思维、创新停滞等)。Wise（2014）的研究证实了 Lechner 等（2010）提出的社会资本理论的阴暗面的观点。Mathieu 等（2014）[123]分析发现团队成员网络聚合与团队绩效随着时间的变化是积极相关且相互作用的。与此同时，聚合对绩效的积极影响显著高于绩效对聚合的影响，并且聚合对绩效的影响随着时间的变化越来越强，而绩效对聚合的影响随着时间的变化相对不变。

2.3 创业、创业阶段及其绩效研究

2.3.1 创业基本概念及创业研究

创业活动从本质上来讲是一种网络活动，是创业者通过一系列的活动来识别创业机会和创业信息，并且付诸实践的一系列行为和过程（Larson 和 Starr，1993）[124]。Venkatraman（1997）[125]指出创业就是创业者全面挖掘商业机会并且付诸实践的整个过程。杨俊和张玉利（2008）认为创业活动主要是指创业者突破现有资源的束缚，通过创业机会的识别和开发实现各种经济活动的过程。创业者在创业的过程中通过各种方式来实现相关资源的整合和运用，进而创造出相应价值的过程。创造新的事物是创业的关键所在，通过各种劳动要素以及生产要素的整合运用来实现创造。在创业的过程中必须付出较大的成本，其中主要的成本包括时间成本、资金成本和机会成本，同时需要创业者付出巨大的努力，并且承担创业失败的风险。在整个过程中，创业者通过创业能够获得相应的金钱回报以及个人满足。具体来讲，创业的主要特点表现在以下几个方面：首先，通过创业能够创造出更多具有价值的新事物，是新事物诞生的主要途径之一；其次，创业者在创业的过程中必须付出努力和时

间；再次，创业需要承担相应的风险；最后，创业报酬以及个人满足是创业成功之后对个人的回报。

关于创业的研究，最开始关注于创业者个性特质以及创业过程研究，Low和MacMillan（1988）[126]指出进行创业研究和理论设计时有三个不可忽略的因素：即创业的过程、情境和结果。首先，他认为关于创业的理论模型研究或者研究设计都应该将创业行为的结果与导致这种结果的过程相结合。其次，解析创业成功的原因还应该要考虑创业者行为所处的情境。因此，他提出了用演化的方法来研究新的组织的创建、成长以及生存过程。在此研究之后，学者们获得了一些重要的研究进展，例如，理论重点从研究个体创业者特质转为研究他们行为结果，对创业者如何利用知识、网络以及资源创建企业有了更深的理解，以及用更为复杂的分类法分析不同层次环境因素（个体、团队、社会）对创业的影响（Aldrich和Martinez，2001）[127]。

此外，在创业的研究中，其中有一类研究一致得到了较多的关注，即创业机会的研究。斯晓夫等（2016）[128]通过收集分析近20年发表在国际知名创业学术期刊上的创业理论研究发现，创业的诸多内容是围绕着创业机会来进行的，并指出创业的核心在于创业机会，是创业者对于创业机会的认识、理解与把握。从过去近20年的创业机会研究文献来看，尽管创业机会核心说在这几年来大量被探讨，在西方也逐渐得到管理学术界的认同（Suddaby等，2015）[129]，但学术界对创业机会的起源与产生过程一直存在着不同的观点（Sarasvathy等，2010）[130]。大多数学者认为，创业机会存在于客观环境中，是被创业者发现出来的（Shane，2012）[131]。创业机会的发现以及利用能填补市场的空缺，达到市场的均衡。但是也有学者认为，创业机会并非客观存在，也非先于创业者的意识，而是被创业者构建出来的（Alvarez等，2015；Suddaby，Bruton和Si，2015）[132]。甚至有学者认为创业机会发现是机会构建的一个特例，而与之对立的学者认为创业机会构建是发现的一个特例（Alvarez 等，2013)[133]。

综合上述研究发现，现有关于创业机会产生的研究主要分为三个主要流派：(1) 客观存在论的观点认为创业机会先于创业者的意识存在于客观环境，由慧眼独具的创业者发现（Shane，2012）。同时 Tocher 等（2015)[134]也指出创业机会存在于更加广阔的社会或文化环境，受助于创业者想象与社会化技能的互动，通过创业者概念化、客观化以及实施三个过程来完成创业机会构建的过程。总而言之，持客观存在论观点的学者一致认为创业者发现创业机会的感知差异来自创业者所经历的环境（Mathias 等，2015；Jaskiewicz 等，2015；McKeever 等，2015；Breugst 等，2015)[135,136,137,138]。(2) 然而，并非所有的创业机会都是客观存在的。某些创业机会出现的原因不是因为环境的外生性，而是创业者在实践中不断地思考他们所进行的实践的能力以及创业者创造性想象的能力（Suddaby 等，2015)。Jennings 等（2015)[139]通过将纵向内容分析和叙述性案例分析相结合的方法对超级游艇行业中创业者的行为展开了研究，扩展了有关激发创业情绪的前因后果的相关理论，研究发现，创业机会能够诞生于设计者、拥有者与管理者的情绪激发。Alvarez 等(2015)[140]通过分析创业者洛厄尔韦克菲尔德的行为，对创业者如何受到现有机构的约束和塑造这一理论难题进行了实证研究，研究表明，一个没有任何机构背景或经验的盈利性创业者同样可以在大宗商品市场创造机会，完成合法化、合规化运行，文章指出这一创业成功归因为创始人的愿景与精力。Singh 等（2015)[141]采用一种定性叙述的方法研究了创业者在创业失败中的个人耻辱体验，通过借鉴 12 位企业家的创业失败经验，研究结果提供了对失败羞辱的意想不到的见解，研究结果表明，创业失败最终会引发顿悟或深刻的个人见解，从而将企业家对失败的看法从非常消极的生活经历转变为积极的生活经历，这种转变导致创业者将失败中的教训分配给未来的创业者，即这种转变有助于创造新的创业机会。Marion 等

(2015)[142]基于14个纵向案例企业的分析，通过研究新兴企业如何利用组织间关系发现、开发和商业化新产品，研究发现，创业的成功源自企业对建立跨组织网络的关注度。(3) 除此之外，还有一些创业机会不仅只是简单地客观存在于环境中或者被创业者有意识地构建出来，还有一些创业机会兼有两者的特点。例如，Dyer等(2008)[143]从创业者个人特质的视角进行了论证，其对创新型创业者的扎根研究发现，他们具有4种特殊的行为习惯，即质疑、观察、尝试以及将某些创意想法与自身外界网络保持交流，通过这些行为创业者能辨认（包含发现和构建）出创业机会。Si等(2015)[144]则从资源利用的视角对义乌创业发展历程的研究表明，在早期极端贫穷的情境下，义乌地区资源缺乏。因此，农民一般因为没有机会而迁移到资源丰富的地方去发展。此外，从组织形式和制度环境视角来看，创业者常常在组织化和制度条件不足的领域推出新的产品或服务，例如，Zhang和White（2015）[145]对中国的太阳能光伏私营企业的案例研究发现，无论在国内还是国外，虽然太阳能光伏产业很有前景，但私营企业的创业者们需要非常努力地去建立组织形式的合法性，同时满足制度环境合法性以获得政府和消费者支持的境地。

2.3.2 创业阶段划分及其绩效研究

(1) 创业阶段的划分。创业是一种行为过程，学者从不同的角度对创业阶段进行了划分。其中最具代表性的是，Reynolds(2005) 针对创业活动的进展以及特点，将其划分为不同的阶段，包括识别期、开发期、成长期和稳定期。创业阶段主要如图2-2所示。创业机会识别是真正实现创业前的一个潜伏期，在这一阶段创业者正在构思如何建立一个企业，同时，创业者也在不断地获取相关创业知识和技能。创业机会开发则是实现真正创业的第一步，也就是创业者独立创办一个企业的过程。对新企业成长期的界定主要是从企业支付薪酬的时间来界定的，具体来讲企业支付薪酬在3

个月到3.5年之间，则被称为是新企业成长期。成立年限在3.5年以上的企业被称为“已成立企业”，度过3.5年的这些企业表示它们已经从“企业新生性”困难中存活下来，进入了企业发展的稳定期。在这四个创业阶段中存在三个过渡期，第一个过渡期指的是从商业机会的概念阶段转变为有意向成立企业的酝酿阶段。第二个过渡期指的是随着新创企业的逐步发展壮大，企业正式运营起来，这一时期表示的是企业真正诞生的过渡期，即企业转型期，这个过渡期包括创建商业意向（有一个想法、搜寻信息）、进行企业边界类型的定义（注册、开张、名片）、进行资源的界定（房屋、人员、库存）。第三个过渡期则是以企业成长时间来划分的。

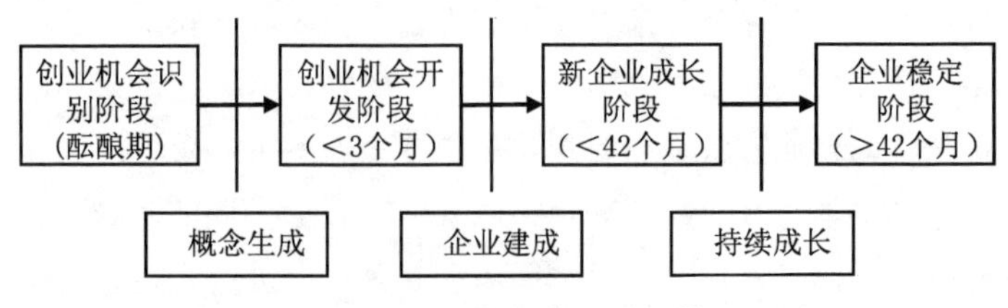

图2-2 创业阶段划分 Reynolds 等（2005）

此外，Churchill 和 Lewis（1983）[146]提出了适合小企业发展阶段的划分，即形成期、生存期、成功阶段、起飞阶段、资源成熟期；Bhave（1994）[147]把企业创业过程分为初创阶段、成长阶段、转型阶段。Robert 和 Scott（2005）[148]提出了经典的创业过程理论，明确将创业过程分为机会的识别、决定继续并整合所需资源、开办一个新企业、成功发展企业和收获回报五个阶段。Coviello 和 Cox（2006）[149]在研究中借鉴 Reynold 的研究成果对创业企业进行了界定，他们认为创业企业的研究范畴不应该包括第四个界定。Klyver 和 Hindle（2007）[150]在进行网络结构多样性对创业的重要性研究时，对创业过程进行了阶段性的划分，他将创业周期分为三个阶段：探索阶段（Discovery stage）、初创阶段（Start-up stage）、新企业阶段（Young business stage）。探索阶段是指在最近三年里，人们期望独自或者与他人合伙创建一个新事业（包括任何形式的自我创业）的想法形成过程。初创阶段是指人们独自或者与他人合伙尝试创建一个独立的新事业或者新企业，并且超过3个月没有领取薪水这样一个阶段。新企业阶段是指人们独自或者与他人合伙正在管理、销售产品或者服务给别人，这个阶段企业成立时间不超过42个月。该划分方法也与Reynolds划分标准相似。

在国内学术界，符健春等（2008）[151]在Churchill和Lewis（1983）的基础上将创业企业发展分为三个阶段，具体而言，考虑到形成和存活阶段的主要目标、企业组织结构和管理方式基本一致，因此将这个阶段进行合并；而成功和快速发展阶段的企业组织结构和功能日趋完善，因此也进行合并。蔡莉和单标安（2010）[152]借鉴McDougMl和Robinson（1990）及Zahra（1993）的研究成果，对新创企业进行了界定，指出新创企业主要是指成立不足8年时间的企业。同时结合Leung等（2006）[153]的观点，对新企业的发展阶段进行了划分，将其划分为创建初期、存活期和成长期三个节点。龙静（2016）[154]在借鉴国内外学者的基础上将创业企业发展阶段分为创建期、成长期和成熟期，创建期企业最大的目标就是生存；成长期企业的目标就是寻求业务持续快速增长；成熟期的企业经济运行趋于稳定。卜华白等（2017）[155]则结合大数据时代下企业的特征将创业过程划分为孕育期（形成与存活）、成长期、成熟期、蜕变期四个阶段。许艳丽等（2018）[156]在研究女大学生创业的视角下将创业过程确定为机会识别、决定继续并整合所需资源、实际创建新企业和成功发展企业四个阶段，并在此基础上分析女大学生高创业意愿与低创业活动指数的原因。

综上所述，从以上学术界的研究成果来看，大部分学者认为创业机会识别期、机会开发期以及成长期是创业企业最为主要的三个发展阶段。因此，本书在分析和研究的过程中，为了方便研究，选择创业机会开发阶段和新企业成长阶段对相关的问题进行分析和研究。

（2）创业阶段及其绩效研究。

①创业机会识别及其绩效研究。创业机会识别主要是指创业者针对内外部环境识别好的想法，并且能够通过实践活动将这一想法转化为能够获得新行业利润或者行业增长的一种能力。创业机会识别是创业者寻找和发现创业机会的整个过程。创业机会识别与创业者的综合素养以及水平存在紧密的关系，在很大程度上体现出了创业者对信息的判断能力和识别能力。创业机会识别阶段主要包括感知、发现、形成三个阶段。Steven M. Farmer 等（2011）[157]在分析和研究的过程中设计出了 9 个条目对创业机会识别进行测量。Rong MA（2011）[158]、Baron（2007）[159]针对不同创业阶段存在的特点，设计出了相关的条目对其进行测量和分析，具体如表 2－1 所示。

表 2－1　　创业机会识别绩效测量方法

创业机会开发	测量条目
Farmer 等（2011）	我认真、系统地寻找过创立企业的一些点子
	我一直在思索那些能够创立新企业的某个或某些点子
	我与我的家人和朋友讨论过创业的点子
	我和那些有过商业或者工作联系的人讨论过创业的点子
	除了以上提到的那些人，我还和另外一些人讨论过创业的点子
	我参加过关于如何创业的一些课程或者会议
	我（单独或者和他人一起）为某商业明确界定过产品或者服务
	我（单独或者和他人一起）为某商业尝试着界定过市场机会
	我曾经在某个点子上花费了很多时间
Rong MA（2011）	我对新的创业机会有一种特殊的敏感性
	在没有行业背景的情况下，我能够识别新的创业机会
Baron（2007）	从事日常活动时，我能够发现新的商机
	我对新机会具有一种特殊的敏感性
	我能很随意地发现潜在的机会

在此基础上，国内外学者针对影响创业机会识别的因素展开了一系列研究，国内学者的研究主要包括关系网络、信息能力、创业者经验、创业警觉性及创业伦理等。例如，任胜钢等（2014）[160]基于社会关系网络的研究提出创业者网络能力这一关键概念，将其划分为三个维度：网络愿景、网络构建和网络管理，认为创业者网络能力可以通过获取不同的外部社会资本（网络位置、网络跨度）进而影响创业机会识别。陈文沛（2016）[161]在此基础上进一步深入研究关系网络对创业机会识别影响的内在机制，研究发现关系网络与创业机会识别显著正相关，关系网络质量越好，越能有效识别创业机会；认知学习和经验学习与实践学习和创业机会识别均呈显著正相关关系，说明关系网络和创业机会识别与创业学习共生，关系网络质量越高，越能识别创业机会，创业学习效果越好，这说明可以从创业学习角度对关系网络和创业机会识别进行干预，帮助创业者积极开展创业学习以提升创业成功率。此外，高静等（2015）[162]还发现信息能力也是影响创业机会识别的重要因素，具体而言，信息获取能力对机会识别的经济性、识别效率具有显著影响，信息处理能力对机会识别经济性影响强于信息获取能力，但对机会识别效率作用不明显。王竟一等（2017）[163]采用访谈研究方法，运用扎根理论编码技术，对创业者先验知识转化为创业机会识别能力的路径进行探索性研究，研究发现创业激情和风险感知分别在先验知识转化为创业机会识别的过程中起着中介作用和调节作用。张秀娥等（2017）[164]则通过对宁夏地区四个城市的新创企业进行实地调研，深入地探讨了创业者经验对创业机会识别的作用机制，实证结果表明创业者经验、创业学习、创业自我效能对创业机会的识别具有显著的正向影响；探索型学习、创业自我效能在创业者经验和创业机会识别之间起着部分中介作用，应用型学习在创业者经验和创业机会识别之间起着完全中介作用。

近年来，国外研究学者主要关注创业者创业经验对创业机会识别的影响，例如，Zhan 等（2018）[165]基于雅戈尔电子商务有限公司创始人胡军的创业案例为研究对象，研究发现创业者创业经验、创业学习、创业自我效能对创业机会识别具有积极作用，并进一步探讨了创业机会识别是如何影响创业过程的。Jin 等（2018）[166]采用问卷调查法实证分析了父母社会资本、先前创业经验和创业机会识别之间的关系，研究结果表明，父母的社会资本对创业机会的识别具有显著的正向影响，而以往的经验对创业机会的识别具有显著的正向影响。消极的社会保障制度调整了父母对社会资本与创业机会认同的关系，其中包括医疗保险或养老保险的移民。Gielnik 等（2014）[167]基于创业发现的概念框架，探讨了创业者在缺乏创业经验时信息搜索和获取能力将会弥补创业经验的不足，增强发散思维和一般心理能力积极影响创业机会识别。利用南非抽样调查的 100 家企业的样本研究结果证实了主动信息搜索对创业经验与机会识别中发散性思维关系的调节作用。与此同时，通过积极的信息搜索，对创业经验和发散性思维进行联合检查，有助于更好地理解机会识别。此外，Wei 等（2014）[168]探究了错误导向对机会识别的影响机制，通过分析 187 份来自中国中小企业的问卷，研究发现，感知到的错误导向和机会识别与创业决策具有相关性，并且机会识别会部分中介差错导向和创业决策之间的关系。Jarvis（2016）[169]基于 Ajzen 的计划行为理论的分析模型，探索了一种认知过程，即创业者通过探索创业认同感来发展创业行为的意图，这对个人识别和利用机会的意图有重大影响。

②创业机会开发及其绩效研究。创业机会开发是在创业识别的基础上，通过一系列的活动来落实创业机会的过程（唐靖，姜彦福，2008）[170]，在创业机会开发的过程中，创业者将创业主意、想法以及相关的资源结合在一起，通过一系列的实践活动来获得相应的产品，并且从中获得利润。创业机会开发包括资源获取、创业战略、组织过程和创业绩效四个步骤，同时，创业机会开发的行为主

要包括积累各种资源、了解市场信息、创建组织、响应政府和社会五个方面。

由于创业机会开发阶段企业并没有实际收入，没有实现盈利，企业的员工也正在招募之中，企业市场也正在寻求拓展，因此，根据以往的财务、人资、市场增速来衡量企业绩效的方法在创业机会开发阶段不适用。鉴于此，不同的学者从不同的角度和层面提出了创业机会开发测量的方法。例如，Steven M. Farmer 等（2011）在创业机会开发的测量中提出了 7 个测量条目，其中“0”代表的含义是“没有参与该项活动”；“1”表示“参与过该项活动”，然后将 7 个得分相加，如果相加得到的分值越大，那么就表明其创业机会开发的绩效越高。Farmer，Yao 和 Kung（2011）以及 Chen 等（1998）[171]也针对这一问题从不同的角度提出了相关的测量方法，如表 2－2 所示。

表 2－2　　　创业机会开发绩效测量方法

创业机会开发	测量条目
Steven M. Farmer, Xin Yao 等（2011）	我（单独或者和他人一起）已经研究和筹划过某业务的财务
	我（单独或者和他人一起）已经进行了创业投资
	我已经为一个新的创业点子向金融机构融资
	我（单独或者和他人一起）已经购置或者租赁生产设备
	我（单独或者和他人一起）已经聘用一个或多个人和我（我们）为某创业点子努力工作
	我（单独或者和他人一起）已经为某商业申请专利、版权或者商标
	我已经做了具体的安排（如儿童照管、家政服务）以有时间来创立新企业
Farmer，Yao 和 Kung-Mcintyre（2011）	我投入了自有资金或者从金融机构申请了风险基金到新企业中
	我购置或租用了厂房或设备用于产品生产
	我招聘了一名或多名员工与我合作创业

续表

创业机会开发	测量条目
Chen 等（1998）	我善于利用关系资源开发新的创业机会
	我能解决创业过程中所遇到的问题
	我可以通过一些途径去阻止竞争对手模仿
	我能将新的商机快速融入创业活动中

国内学者从多种视角探讨了影响创业机会开发的路径，主要包括社会资本、创业教育、创业者伦理、制度环境、战略联盟等。例如，江玮等（2014）[172]基于创业机会的视角探究发现战略联盟组合具有促进机会识别能力、促进机会开发能力以及促进机会执行能力三种性质的特征，并且相互影响共同促进企业绩效。通过对182家企业的调研，以联盟组合的功能多样化、价值链广度和联盟伙伴质量分别代表联盟组合促进机会识别、开发和执行三个性质的特征。任胜钢等（2016）[173]采用纵向案例研究分析了社会资本中网络跨度与信任（情感信任和认知信任）的交互效应对创业机会识别和开发的影响。李华晶等（2016）[174]通过理论提炼和逻辑推演，总结分析了创业者伦理、制度环境与绿色创业机会开发之间的关系，创业者伦理与制度环境之间的交互效应会影响绿色机会开发，进而对可持续发展产生影响。任胜钢等（2017）[175]从动态研究视角出发，采用层级回归模型，实证研究了创业教育对创业机会开发和新创企业成长的影响机制，研究发现创业导向部分中介创业教育和机会开发和企业成长之间的关系，创业教育分别调节创业导向与机会开发及企业成长之间的关系。仇思宁等（2018）[176]在融合亲社会性和社会创业研究的基础上，深入挖掘亲社会性对社会创业机会开发的影响机理，研究发现，非亲缘型亲社会性直接作用于他人机会产生过程，亲缘型亲社会性直接作用于自身机会转化过程。

近年来，国外学者主要关注社会资本、机会特性、情感、文化差异等对创业机会开发的影响。例如，Ren等（2016）[177]研究发现认知信任和情感信任在网络联系和创业机会开发与创业机会识别中发挥着重要作用，通过使用从207名中国创业者的样本中收集的纵向数据研究发现，情感信任中介了网络联系对机会识别和机会开发的正向影响。此外，认知信任还调节了它们之间的关系，即高水平的认知信任促进了弱关系与机会识别之间的正相关关系以及强关系与机会开发之间的正相关关系。Nieto等（2016）[178]探究了个人社会资本与区域社会资本的联合作用对创业机会开发的影响，通过利用全球创业监测机构的个人层面数据和区域层面的社会资本数据，分析发现，来自社会资本较高地区的个人更容易发现和利用创业机会。此外，与其他企业家有关系的个人也更有可能发现商机，成为企业家。同时还发现在创业过程的两个阶段，个体层面的社会资本比区域层面的社会资本有更大的影响。Welpe等（2012）[179]则研究了机会特性、情绪对创业机会开发和评估的影响，研究发现机会特性对创业机会开发的影响被机会评估所中介，情绪则会通过机会开发决策进一步影响机会评估。具体而言，恐惧情绪不利于机会开发，而欢乐和愤怒情绪则有助于机会开发，恐惧、快乐和愤怒等情绪都会影响机会评估对机会开发的影响，恐惧程度越高，快乐和愤怒程度越高，机会评估对机会开发的积极影响越大。Guo（2018）[180]通过结合效果逻辑（Effectuation）理论和创业能力视角，研究了有效性和因果关系对创业机会开发的影响，并进一步探究了创业能力在战略决策逻辑和创业机会开发之间的中介作用。利用对176家我国高新技术企业的实证分析，结果表明，有效性和因果性对机会开发都有正向影响，创业能力在战略决策逻辑与机会开发的关系中起着充分的中介作用。研究还发现，在中国转型经济背景下，有效性和因果性对机会开发和创业能力的交互作用不显著。Hamid等（2018）[181]则以移民创业者为研究对象探讨了文化差异对创业机会开发的影响。

③新企业成长及其绩效研究。新企业在成长阶段已经获得了相应的合法性，能够按照市场经济的要求以及现代公司制度的要求建立企业规章制度，并且在各个方面逐渐得到完善。企业在这一阶段也通过一系列的市场活动来取得营业收入，企业财务数据逐渐能够体现和反映出企业的实际发展状况，企业员工的规模也越来越大。对于新企业成长阶段来讲，可以通过数据测量得出新企业成长阶段的绩效状况。不同的学者采用不同的方法建立了不同的测量指标。Wiklund J. 和 Shepherd D. （2003）[182]在新企业成长阶段绩效测量中采用 5 级量表对新企业绩效进行测量，在测量的过程中选择 10 个不同的测量指标进行对比分析，最终得出测量的结果。Michael M. Gielnik 等（2012）以企业成立之后 3 年内为测量时间，对企业的利润、销售额、员工数量增长等进行了测量，通过对这些指标的测量和计算来衡量新企业的绩效增长情况。总的来讲，在企业成长阶段，由于企业财务指标以及企业规模已经得到了一定的发展，因此可以采用数据测量的方式得出新企业的绩效水平。

2.3.3 创业绩效的影响因素研究

目前，关于影响创业绩效的因素，学者们的意见不尽相同，主要有外部因素说、内部因素说和内外部双重因素说三种。

部分学者认为影响创业绩效的因素主要是外部因素。企业绩效差异外生论认为，外部环境对企业绩效的作用起决定性作用，包括宏观政治经济环境、法律法规和企业所属行业在经济中的地位等。Brudrel 和 Preisendofrer（1992）认为，从创业者的角度来说，丰富的社会资本能够给创业者带来更多的信息和渠道，包括客户、供应商、政府部门、行业的发展状况等，这些信息和渠道能够在很大程度上降低创业者的工作量，提高工作效率，从而提升创业者的创业绩效。Cornell 和 Welch（1996）认为，在资本借贷市场上，社会资本有利于借贷双方的筛选，在一定程度上能够缓解信贷市场信息不对称的问题，能够降低创业者的寻找成本和履约成本，同时也能起到监督作用，并进一步提高创业绩效。Hmieleski 和 Baron（2008）研究新创企业绩效时，加入了动态性环境、不确定性环境的调节作用，认为在环境变量的作用下，外部要素对新创企业绩效有重要影响。陈亦悠、郭红东（2015）认为，对于农民创业者而言，其社会资本存量是影响其创业绩效的重要影响因素之一，并通过对某地区农村创业者的调查，研究农民社会资本对创业绩效影响作用的路径和机制。结果表明，农民的社会资本存量对创业绩效存在直接的正向影响，同时，在社会资本对农民创业绩效产生影响的过程中，其资源整合能力发挥着中介作用。

也有部分学者认为内部因素对创业绩效的影响更大。沈超红、罗亮（2006）对部分创业型企业的总经理进行了访谈性调查，他们认为，核心技术、团队结构和企业的战略定位是影响创业者创业绩效的关键性因素。企业的核心技术决定着企业生产的成本和效率，进一步决定企业的市场占有率和利润率；而一个紧密的团队结构有利于迅速地制定决策并有效地执行，也会影响企业内部的文化和价值观；企业战略定位则能够使得企业集中优势资源，降低企业的生产成本，提高资源利用率。陈忠卫、郝喜玲（2008）通过对部分企业高管的访谈调查结果以及发放调查问卷的统计数据进行分析，结果表明，创业者团队的企业家精神、创业者的综合能力是影响公司绩效的重要因素。他们把创业团队企业家精神分为四个维度：团队内的集体创新、成员间的分享认知、成员共担风险的能力、成员间的协作进取。其中，成员间的协作进取对企业绩效的影响最大，其后依次是共担风险、分享认知和集体创新。

另外一些学者则认为创业绩效受到外部因素和内部因素的双重作用。Chrisman 等（1998）基于资源依存理论和资源基础理论，通过引入创业资源的维度，他认为，新创企业绩效是创业者、行业结构、企业战略和创业资源几个因素的函数。无论是企业内部因素还是企业外部因素，都会对创业绩效起到重要的影响。Li 和 Zhang (2007) 通过对中国经济转型期的部分行业研究发现，政治网络和运营经验是影响创业者创业绩效的重要因素，他们认为，创业者应该积极参与竞争，主动提升其社会网络资本，获取竞争优势。何红光、宋林（2015）[183]研究了大学生创业资本对创业绩效的影响，他把大学生的创业资本分为人力资本、心理资本、社会资本和经济资本四个维度，通过实证研究发现，创业者人力资本、心理资本、社会资本和经济资本对创业绩效都产生了显著的正向影响作用，其中对创业绩效影响最大的是人力资本。他进一步把大学生创业人力资本的构成分为五个方面，并按影响创业绩效程度排序，从大到小依次是学生工作经历、实践工作经验、学习能力、院校类别和知识视野。社会资本分为父母地位、家庭收入、创业团队、个人消费水平等方面。心理资本主要包括希望、自我效能、韧性和乐观四个方面。经济资本包括创业资金、创业平台和劳动力充裕等。

本书主要针对创业企业成长这一阶段展开研究，结合创业企业成长的定义以及创业企业成长阶段的主要活动和研究成果，可以发现，创业企业成长是一个各种因素综合作用的结果，刘睿智(2015)[184]以小微企业为例总结了创业企业成长性的特征，包括了规模小、抗风险能力弱、收益具有不确定性、受创业者个体的影响程度高、创新资源匮乏等，影响创业企业成长的因素更多更加复杂，总结起来，目前，有关创业企业成长的影响因素主要包含了以下几个方面：

其一，创业者行为特质的影响。Renko 等（2015）[185]认为创业者的行为和特质对于创业活动具有十分重要的作用，对创业企业的绩效具有显著的预测力。创业者的某些特质，例如，创新性、风险承担性、先动性、警觉性等，能够给创业企业带来大量资源、先于竞争对手发现创业机会等，在这些特质的基础上，创业者的行为表现出与特质的一致性，即敢于进取、敢于开发，创业者通过引入新的产品、生产方式或者新技术来满足市场需求，并利用这种创新方式来建立创业企业，开展创业活动，引导创业企业不断向创新方面发展，从而可以使企业获得成长。其二，创业相关能力的影响，现有研究关于创业相关能力，主要划分成了两种能力：一种被命名为创业能力（Entrepreneurial Capability，EC），另一种命名为动态能力（Dynamic Capability，DC），创业相关能力其实在很大程度上包含了这两种能力，既有识别新机会并获取资源以开发机会的能力，又包括了企业不断进行变革整合内外部资源以不断调整策略降低风险、适应外部环境变化的能力。因而，创业相关能力既能够在企业的创立过程中发挥着作用，更能够在企业的成长发展过程中不断地调整策略，达到使企业不断地适应外部环境变动的目的。其三，创业资源和网络的影响。从资源基础理论的视角出发，许多学者认为创业企业的成长离不开资源的支持，认为企业竞争优势与成长能力的基础就在于能够获取到足够支撑企业发展的资源，创业网络是创业企业与外部资源相联系的纽带，是一种创业企业获取资源的路径，因而对于创业企业的成长具有很强的促进作用，创业企业可以从创业网络中受益良多（朱秀梅和费宇鹏，2010），同时，基于创业网络的企业吸收能力、学习能力等也可以为创业企业带来新的资源整合而产生成长的动力（芮正云和庄晋财，2014）[186]。

2.4 创业导向、社会资本与创业绩效关系研究

2.4.1 创业导向与创业绩效

创业绩效也就是创业者在创业行动中所取得的成果。创业绩效

是评价创业成功与失败的唯一标准。创业绩效是组织各种行为的最终结果，组织在发展的过程中，通过各种资源的整合和运用，通过相关的活动所产生的结果就是绩效。也就是说，绩效是人们在工作中通过各种方式和行为所产生的最终结果，是一个人或者一个组织的主要表现。从目前国内外学者的研究结果来看，创业导向对于组织成功产生了重要的影响，同时，创业导向与创业绩效之间也存在紧密的关系。

大部分关于创业研究的文献都指出创业导向会正向促进企业绩效。例如，国外学者 Engelen 等（2015）[187]基于资源基础理论和高阶理论，采用六个国家 790 个中小企业的样本数据研究发现，无论国家背景如何，四种变革型领导行为（愿景明确，提供适当模式，具有高绩效期望以及表现出支持性领导行为）都会加强创业导向与企业绩效之间的正向影响关系。Real 等（2014）[188]运用结构方程模型对 140 家西班牙工业企业的样本展开研究，结果表明，组织学习部分中介了创业导向对企业绩效的正向影响关系，完全中介了学习导向和企业绩效之间的关系。Saeed 等（2014）[189]通过基于 41 个国家 177 项研究的元分析考察了国家文化和宏观经济因素对创业导向和企业绩效之间关系的影响，研究结果表明，创业导向对企业绩效的正向影响不随企业所在地的变化发生显著差异，但在以低不确定性回避、低权力距离、高集体主义、高政治稳定性和发展中国家为特征的民族文化中，创业导向与企业绩效的关系更为密切。Brouthers 等（2015）[190]基于美国和英国公司的调研研究发现，拥有较高水平国际绩效的中小企业（SMEs）一般表现出较高水平的创业导向，并且中小企业（SMEs）在拥有更大的创业导向（EO）和使用联盟（研究或营销）的类型与企业的能力相一致时具有更高的国际绩效。Schepers 等（2014）[191]借鉴社会情感财富（SEW）的相关文献，研究了家族企业背景下建立的创业导向与企业绩效之间的关系，研究发现创业导向对企业绩效的正向促进作用在私人家族企业中也得到了验证，但这一正向影响关系随着 SEW 保护水平的提高而逐渐减小。

国内学者姚梅芳等（2018）[192]基于 181 份新企业跨期数据探究了创业导向对绩效的纵向影响，实证研究结果表明，创业导向与企业绩效始终存在正相关关系，而市场导向和学习导向在创业导向与绩效的关系中分别具有显著的中介效用，而且学习导向的中介效用大于市场导向的中介效用；创业导向通过市场导向和学习导向对新企业绩效的非直接影响分别受到学习能力的正向调节作用，即学习能力越强，市场导向和学习导向在创业导向转化为绩效的过程中所起的中介效应越大。张秀娥等（2018）[193]以 171 家新创社会企业为研究对象的实证研究表明创业导向对新创社会企业的社会绩效和经济绩效均有显著正向影响关系，并且资源拼凑在创业导向与经济绩效、社会绩效之间起中介作用。和苏超等（2017）[194]对 207 家重污染企业的调研分析同样指出创业导向对企业财务绩效、环境绩效存在显著正向影响，前瞻型环境战略在创业导向与财务绩效、环境绩效的关系中分别起到部分中介作用。吴士健等（2017）[195]研究发现创业导向有利于大学衍生企业创业绩效的提升，创业能力在创业导向与大学衍生创业绩效间起中介作用。

也有部分学者因为研究层面的差异，导致研究成果存在不同。这部分学者的研究结果表明创业导向与创业绩效之间的关系并不明显。例如，国外学者 Lechner 等（2014）[196]在研究个体创业导向维度对竞争战略与企业绩效关系的影响中发现，创新与差异化战略的关系最为密切，风险承担性和竞争积极性与差异化和成本领先战略均呈负相关，而差异化战略和成本领先战略都与绩效呈正相关。这说明创业导向的不同维度对企业绩效的影响表现有所不同，创新性会正向促进企业绩效，但风险承担性和竞争积极性却与企业绩效负相关。由于小额融资平台的存在，小微企业的可用资本迅速增长，但反过来，由于有关小微企业特征和行为意图的信息有限，微型银行的投资决策面临挑战，Moss 等(2015)[197]基于信号传递理论对小微企业在微融资平台获取投资的行为展开了研究，研究结果表明，表现出自治性、竞争积极性和风险承担性的小微企业更容易获得投资，但表现出先动性的小微企业在贷款偿还方面表现不佳。国内学者赵蓓等（2018）[198]在探究管理者关系、创业导向与企业绩效间的影响路径模型中，基于对 210 家成熟企业的调查分析发现创业导向的风险承担性、先动性会影响企业绩效，而创新性对企业绩效影响不显著。金永生等（2017）[199]将创业导向解构为创新性、风险承担性及先动性 3 个维度，基于集合论思想，构建包含组织规模、环境动荡性及组织双元能力等权变因素在内的创业导向影响企业绩效的机制模型，通过对 211 个样本企业进行模糊集定性比较分析的研究发现，创新性是企业获取高绩效的关键，但风险承担性和先动性与企业绩效的关系则取决于权变因素的作用。

除此之外，还有少量研究学者发现创业导向和绩效之间存在某种非线性关系。例如，Li 等（2014）[200]整合国际商业与创业文献，探讨了创新性、先动性与风险承担性对企业在国际市场上拓展业务范围的独立影响，基于一个涵盖 10 个国家 500 个中小企业的样本分析发现，创业导向三维度中创新性和先动性对企业国际市场范围的拓展表现出“U”形的影响关系，而风险承担性对企业国际市场范围的拓展则表现出倒“U”形的影响关系。国内学者也有类似的研究结论，杨海儒等（2017）[201]对 219 个中国国际化企业的实证研究发现，国际创业导向对国际经营绩效的影响呈倒“U”形关系，同时，其作用关系受到国外市场环境稳定性与环境敌意性的影响，环境稳定性会加强倒“U”形关系，国外市场敌意性则会削弱倒“U”形关系。董保宝（2015）[202]利用调节路径分析方法研究新企业创业导向、资源整合能力与绩效的关系时发现，新企业创业导向分别与绩效和资源整合能力具有倒“U”形关系，而且资源整合能力在创业导向与绩效的倒“U”形关系中具有中介效用，这说明了拥有适度创业导向的新企业将会有较好的绩效，较低或较高的创业导向都不利于绩效的提升。

最后，除了关注创业导向对绩效影响的直接作用，还有部分学者从调节作用的视角出发研究创业导向在企业绩效的提升过程中的权变作用。例如，Cheng 等（2014）[203]探讨了创业导向在开放式创新活动和创新绩效之间的调节作用，研究结果表明，开放式创新活动的开展与创新绩效的四个维度均显著正相关：新产品/服务创新性、新产品/服务成功性、顾客绩效和财务绩效，但创业导向比市场导向和资源导向显著增强开放式创新的正向绩效效应。易朝辉等（2018）[204]基于角色认同视角探讨了创业导向在学者创业角色和衍生企业创业绩效关系间的调节作用，以 203 家中国大学衍生企业为研究样本的研究结果表明，学者创业角色促进了大学衍生企业创业绩效的提升，创业导向增强了学者创业角色对大学衍生企业创业绩效的促进作用。祝振铎（2015）[205]遵循“态度—行为—绩效”的研究范式，构建创业导向、创业拼凑与新企业绩效之间的理论模型，利用 212 家成立时间在 8 年内的新企业调研数据，研究发现创业导向对创业拼凑与新企业财务绩效、成长绩效之间的关系具有正向调节作用。

从上述大量研究中可以看出，大多数学者采用多重概念指标来分析创业导向与企业绩效之间的关系，在研究中采用单一指标往往会导致研究结论出现误差（Rauch，Wiklund，Lumpkin 和 Frese，2009）。从目前的研究中来看，学术界在研究这一问题的过程中主要采用成长性指标、获利性指标和其他相关的指标来衡量绩效。其中成长性指标主要包括员工数量增加数、市场份额、销售增长、销售工艺等；其他指标中主要是定性指标，主要包括产品质量、产品形象、品牌形象等相关的指标。

2.4.2 社会资本与创业绩效

从目前学术界的研究文献来看，不同的学者针对不同的研究对象对社会资本和维度进行了创新发展，从不同的层面对社会资本与创业绩效之间的关系进行了分析和研究。

近年来，国外学者从不同角度论证了社会资本对创业企业绩效的影响作用。Stam 等（2014）[206]对关于创业者个人网络和小企业绩效关系的 61 项独立研究进行元分析发现，社会资本对企业绩效的影响是正向显著的，并且在社会资本各维度中，网络多样性的影响最强，弱联系的作用强度要弱于结构洞的影响。LINS 等（2017）[207]对 2008—2009 年遭遇金融危机的企业进行研究发现，高社会资本企业的股票回报率比社会资本低的公司高出 4—7 个百分点。Collins 等（2014）[208]利用 Annie E. Casey 基金会的“建立联系”倡议提供的 4120 个城市家庭的全国样本，研究发现 Bonding Social Capital（即结合型社会资本，如互惠、信任和共同规范）会积极影响社区集体效能。Sainaghi 等（2014）[209]在研究社会资本在酒店绩效的关系中发现，结构社会资本是酒店绩效的关键影响因素。Li 等（2014）[210]在研究社会资本、信息分享和企业绩效之间的关系时发现，关系社会资本和认知社会资本均通过信息分享正向影响企业绩效，但结构社会资本却没有表现出这一特征，研究指出结构社会资本通过其他两个维度的社会资本影响企业绩效。

国内学者针对社会资本与创业企业绩效之间的关系也做了大量的研究。刘善仕等（2017）[211]基于领英（中国）职业社交网站的人才简历数据，从社会网络视角构建了一个新颖的由人员流动而形成的企业人力资本社会网络，并实证研究了我国上市企业人力资本社会网络位置对其创新绩效的影响。研究结果表明，上市企业人力资本社会网络的中心度和结构洞与企业创新绩效呈显著正相关关系。吕佳等（2018）[212]以 62 项实证研究（104 个独立样本）为对象，采用 Meta 分析技术全面考察了创业者个体特质与创业绩效之间的影响机制问题，研究发现，创业者的社会资本对企业成长绩效具有显著的促进作用，而学习能力则显著提升企业生存绩效，并且文化情境和创业环境对于创业者的社会资本、学习能力与创业绩效之间都起到了正向调节作用。在孵化网络中，通过信息、资源和渠道的共享，可以形成集群社会资本，孵化器利用孵化网络和集群社会资本来促进孵化绩效的提高，更好地支持创业企业成长，李振华等（2018）[213]以 259 家国家级科技企业孵化器为样本的研究表明，孵化网络的关系持久度、关系强度对集群社会资本和孵化绩效均有正向影响，集群社会资本的关系维和文化维对孵化绩效均有正向影响，集群社会资本在孵化网络和孵化绩效之间起部分中介作用。李梓涵昕等（2018）[214]基于新产品开发视角，探究了高管结构型社会资本对利用性学习与探索性学习的影响，采用来自 352 家广东省企业样本调查数据，研究发现高管结构型社会资本对于利用性学习和探索性学习具有正向影响，但影响效应不尽相同，其中高管行业内互动对利用性学习显著地具有促进作用，行业间互动显著地正向影响探索性学习。此外，结构型社会资本对于组织学习的影响以及组织学习对于新产品绩效的影响显著地受到技术不确定性和市场不确定性的调节。

也有部分学者在研究中得出了其他的结论，Cuevas 等（2014）[215]通过检验内外社会资本对产品创新绩效的影响研究发现，内部社会资本始终对产品技术创新或市场创新绩效产生正向影响，但外部社会资本会显著减弱内部社会资本对产品市场创新绩效的影响。王洁琼等（2018）[216]基于新型农业创业人才的调查数据，研究了新型农业创业人才人力资本、社会资本、心理资本与创业环境、创业企业绩效之间的关系。研究结果表明，良好的创业环境对新型农业创业人才人力资本、社会资本和心理资本有显著的正向影响，新型农业创业人才人力资本、心理资本对创业企业绩效有显著的正向影响，而新型农业创业人才社会资本对创业企业绩效影响不显著。万建香等（2018）[217]从中国经济转型角度分析不同类型社会资本对企业绩效的影响，研究发现，体制转型中，体制社会资本促进市场权力的提升，阻碍经济绩效的发展，市场社会资本改善经济绩效，对市场权力却没有影响；结构转型中，政企关系资本却对传统行业起着抑制作用，对新兴行业有促进作用，其他关系资本促进传统与新兴行业的发展。戴海闻等（2017）[218]在研究中指出，企业个体网络密度越稀疏，其创新绩效越高，关系强度削弱了网络密度与企业创新绩效之间的负相关性，当关系强度增大时，稀疏网络对企业创新绩效的促进作用会减小。王璐等（2018）[219]以共有协同创新网络为背景，通过收集开源平台 Source Forge 上 1595 个项目和 8186 个志愿者信息，发现创新团队度中心性对新产品流行度具有倒“U”形作用，而桥中心性和接近中心性可提升新产品流行度。

2.4.3 创业导向与社会资本

创业导向与社会资本关系的研究文献相对较少，导致学术界对这一问题研究相对较少的原因可能有以下两个方面：一是学术界对创业导向与社会资本概念的界定不够清晰，这两个概念经常与其他概念混淆在一起，例如，企业社会资本与企业家社会资本、内部社会资本与外部社会资本等概念经常在学术界研究中没有明确的界定，再如创业导向与创业战略、创业精神等概念的混淆；二是创业导向与社会资本的复杂性导致学术界对其研究的文献相对较少。

虽然由于各方面的原因导致创业导向与社会资本的研究相对较为复杂，但是部分学者仍然从不同的视角和层面对这一问题进行了分析和研究。部分学者在研究中指出，社会资本可能是导致企业创业活动成功的主要因素，因为企业在市场经济的发展过程中需要依赖社会资本，通过社会资本能够获得更多的信息，使企业作出超前的决策，提高企业创业的成功率。Moran（2005）[220]通过实证研究表明，从创新和执行导向来对企业绩效进行评价和衡量时，随着企业之间关系紧密程度的提升而不断提升，这就在一定程度上表明社会资本对于企业创新绩效会产生积极的影响。Bonner 和 Walker（2004）[221]指出顾客关系嵌入与关系质量会推动和促进企业新产品的研发和发展。Simsek，Lubatkin 和 Floyd（2003）[222]通过案例研究表明，随着市场经济的不断发展，越来越多地意识到社会资本对于企业发展的重要性，认为社会资本在很大程度上对企业的创新起到积极的作用。一般来讲，企业创业行为和创新行为被嵌入企业社会资本中，也就是说公司的社会网络与企业创业之间存在着紧密的关系。Simsek 等（2003）在分析中将公司划分为不同的类型，分别探讨了渐进型创业行为与根本型创业行为两种不同类型与企业社会资本之间的关系，指出企业所处的嵌入性对于企业不同类型的创业行为产生的影响存在较大的差异。Yang（2004）[223]指出企业与外部的联系分为直接和间接联系，通过研究表明间接关系会促进企业创业行为和创业活动，而直接的联系则直接决定着企业对创新成果的运用。但是这一研究成果并没有得到实证分析研究的验证。

从以上三个领域的研究文献中可以得出，企业社会资本、创业导向和企业绩效之间存在一定的关系，大部分学者的研究已经表明三者之间存在不同程度的关系。而三者之间的相互作用关系已经成为目前学术界所关注的焦点问题。大部分学者的研究结果表明企业社会资本与企业绩效之间存在正相关关系；企业创业导向与企业绩效同样存在正相关关系。少数学者在研究中将社会资本与创业导向结合在一起进行研究，但是这些研究仅仅从理论的层面进行了分析，由于两者之间的关系较为复杂，使这种理论分析缺乏一定的事实支撑，还没有得到实践方面的验证。

2.5 本章小结

通过对国内外研究的文献梳理，本书认为现有研究关于创业导向、社会资本以及创业企业绩效之间的关系探讨仍然存在一些空白。其一，创业导向对创业企业绩效的影响存在研究悖论，例如，Wiklund 等（2005）、Keh 等（2007）以及 Yamada 等（2009）的研究表明，创业导向对小企业绩效存在正向促进作用。而 Hart（1992）则认为创业型战略在某些情景下会对企业绩效产生负向阻碍作用；Tang 等（2008）还观察到，在中国情境下创业导向和企业绩效之间是倒“U”形关系，Wales 等（2013）的研究也发现创业导向和小企业绩效之间存在倒“U”形关系。此外，Runyan 等（2008）、Baker 等（2009）以及 Messersmith 等（2013）却发现两者并没有显著关系。其二，结构社会资本是创业导向影响创业企业绩效的重要情景因素，然而，目前，这一权变因素缺乏研究。现有研究主要强调环境和组织因素的调节作用，例如，Wiklund 等（2005）发现环境动态性调节小企业创业导向与绩效之间的关系，Covin 等（2006）发现，包括战略决策制定参与性、战略制定模式在内的战略过程变量调节了企业创业导向和销售增长率之间的关系。其三，以往对创业导向与企业绩效关系的研究大部分都是基于横截面的。然而，在创业企业生命周期的不同时期，创业导向对企业绩效的影响可能也有所不同。Su 等（2011）指出，对于已建立的和新创的企业，创业导向对企业绩效可能有着不同的影响。因为与处于成熟期的企业相比，处于成长期的企业由于“新生性劣势”，往往会缺乏战略性资源和社会关系（Li 等，2007；Shepherd 等，2003）。

综上所述，本书结合创业的动态演化特征，响应 Slotte - Kock

等（2010）对社会网络在创业领域的研究以及杨俊等（2007）[224]对动态研究法方法的呼吁，基于动态跟踪研究法，采用“案例分析”和“实证分析”相结合的方法来探究创业导向以及结构社会资本对创业企业成长不同时期企业绩效的影响机制，旨在揭示创业导向对创业企业绩效的影响机理，并从创业动态研究视角出发，探究创业导向对创业企业发展不同时期的企业绩效的作用机制，同时引入结构社会资本这一权变因素，从企业自身资源基础的视角出发检验创业者结构社会资本的重要权变作用。

第3章　案例研究方法与设计

3.1　案例研究方法相关内容概述

案例研究方法是一种通过实地考察、访谈、历史数据、档案材料等多种方法收集证据，并运用可靠技术对一个或多个事件进行分析从而得出带有普遍性结论或个别结论的研究方法（苏敬勤，2011）。近几年来，越来越多的国内外学者采用案例研究的方法来进行企业管理创新理论的研究，*Academy of Management Journal*（AMJ）等国际管理学顶级期刊近年来的最佳论文均为理论构建型案例研究。对于这个现象，林海芬、苏敬勤（2014）[225]总结了两个主要的原因：一是因为案例研究能够满足对管理创新理论探究的要求。Eisenhardt（1989）指出，在进行案例研究访谈的过程中，研究人员可以从更全面、更广阔的视角看待从访谈中获取的资料、数据、特定的案例样本材料以及现有文献中的不一致性结论等，从而构思出新的理论。在管理的创新研究这个领域同样着重于强调通过总结企业以往的管理创新实践经验，从而提炼管理创新方面的特性或结论。因此，案例研究完全能够满足学者们揭示管理创新的本质问题以及构建新的创新理论的根本要求。二是因为管理创新理论是一个比较复杂的研究问题。当一个具体研究问题拥有复杂性特点时，它需要从整体上来把握问题的本质，以此进行深化理解，这样的要求定量研究方法往往是无法承担的（吴金希和于永达，2004）[226]，并且针对“怎么样”和“为什么”这一类问题，案例研究方法更加合适，它适合于研究发生在当下但无法对相关因素进行控制的事件。因此，非常适合研究当代中国管理创新的问题。

案例研究是一种实证研究，遵从一套完整的研究路径，从而保证研究的科学严谨性。Yin（2010）[227]认为，案例研究应该经过六个步骤，分别为计划、设计、准备、收集、分析、分享。在“计划”阶段研究者要确定研究问题，并且与其他研究方法进行比较，决定是否采用案例研究以及理解案例研究法的优点和不足。在“设计”阶段，研究者要界定单位、确定要研究的对象；确立要研究的问题、理论；设计案例研究（单案例还是多案例）；确定研究程序，保证研究质量。在“准备”阶段，研究者要提升案例研究者的技能，接受特定的案例研究专门培训，然后拟定案例研究草案，开展实验性研究。在“分析”阶段，要遵循案例研究草案，运用多种来源的证据，创建案例研究数据库，维护证据链。“分享”阶段即把研究的结论和新的观点呈现出来，因此要界定读者群/整合文本资料和可视的资料，向读者呈现足够的证据，得出让人信服的结论，从而完成一份优秀的研究报告。

案例研究方法是“归纳式、理论构建型研究”的重要方式（Tsui，2006）[228]。在归纳式的理论构建方面，与统计性定量研究相比，具有不可替代的优势。然而案例研究方法一直备受争议，主要局限于其规范性程度较低。毛基业和张霞（2008）[229]强调，规范性研究指的是，在研究的过程中，要有一套严格的研究程序并使用科学规范的工具，从而保证研究结论具有较高的信效度。要确保案例研究的规范性，学者们提出了案例研究的各个阶段并提出了一系列的规范性指标（Strauss 和 Corbin，1998；Miles 和 Huberman，1994；Yin，1994；Eisenhardt，1989）[230,231]，图 3－1 总结了案例研究过程中如何保证研究规范性的方法。

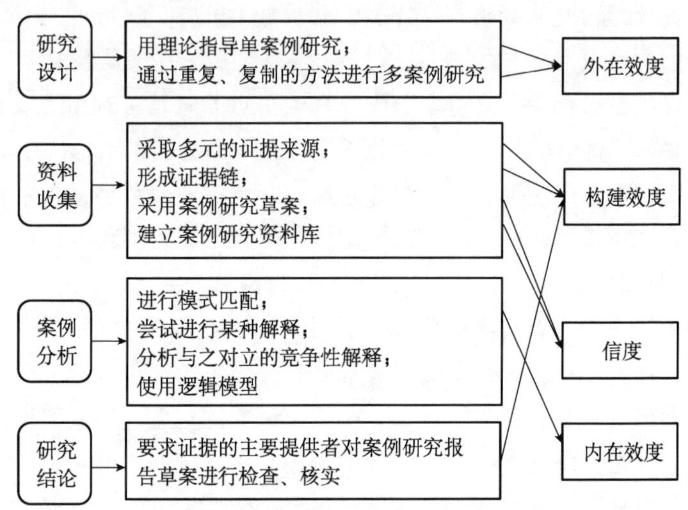

图 3-1　确保案例研究各阶段规范性措施

案例研究可根据其研究对象的个数划分为单案例研究和多案例研究。单案例研究适合四种情况的研究：第一，可以用于对一个广为接受的理论进行批驳进而检验；第二，可以用于对某一极端案例或者独一无二的案例进行分析；第三，可以用于研究有代表性的、典型的案例；第四，用于研究一些具有启示性的案例。李茁新和陆强（2010）[232]指出，多案例研究遵从复制原则，认为以多个案例为基础推导形成的研究结论更具有说服力，这样的研究结论更禁得起时间的考究和学者们的推敲。

Tellis（1997）[233]认为案例研究根据研究目的和研究任务的不同可以划分为三类：(1) 描述性案例研究。它是指对研究问题形成初步的框架之后，再对个案进行更加具体的了解和分析，其目的和任务是使被描述的问题能够清晰地展示出来。描述性案例研究适用于对理论构成的各要素的阐述。(2) 解释性案例研究。它是指对研究问题的因果关系加以推理并检验，从而获取相关的证明。具体包括：什么是因（自变量），什么是果（因变量）以及两者之间的相互关系，其任务和目的是建立理论并检验。(3) 探索性案例研究。它是指先通过搜集一些基本资料，再对这些资料进行分析之后提出研究议题以及相关假设，有助于研究者更准确清晰地确定研究问题。其任务和目的是为了提出假设，寻找新的理论。由于探索性案例研究经常会使用新的观点去研究当前现象，因此，大多数都适用于在已有的研究基础之上，对现有的理论进行拓展补充，这也增加了产生新的理论的可能性。

苏敬勤和崔淼（2011）[234]认为，探索性案例研究可以根据其探索领域及探索程度划分为局部探索性案例研究以及完全探索性案例研究两种类型。完全探索性研究是那些对一个全新的研究领域进行的研究，现有理论非常少，甚至可以说是没有理论的成果可以用来借鉴的那种案例研究，比较典型的研究如医生在医务的工作中针对某种新发现的疾病的病症、病的起因以及治疗的方案的研究。而局部探索性案例研究是那种它的理论框架已经有了一个初步的发展，但是针对某一个或者某一些问题还处于起始的研究阶段，因此，它是缺少用来参考的案例性研究，它的目的是为了修正或者完善那些已经存在的理论体系。

3.2 探索性多案例研究方法的选择

本书主要研究的问题是在创业不同阶段创业导向与网络结构的交互对创业企业成长绩效的差异化作用机制是怎样的？为什么创业导向与网络结构会对创业产生影响？属于“怎么样”以及“为什么”的研究。因此，本书根据 Yin（1994）案例研究方法与设计进行探索性案例研究，并且属于局部探索性案例研究。因为创业导向与创业绩效关系的研究的相关理论体系是已经存在的，但是缺少用来参考的案例性研究，并且现有研究存在争议性的结论，因此用局部探索性案例研究来修正和完善创业导向与创业绩效关系的理论体系。本书采取多案例跟踪研究方法，原因如下：其一，该方法不需要以现有理论为研究基础，非常适合于创业导向影响企业绩效这种存在争议性结论的研究。其二，动态跟踪方法有助于揭示企业成长过程中网络结构的动态演化特征。其三，本书所涉及的构念在以往研究中已有测量依据，经验效度很高。相对于单一案例而言，跨案例研究能够提高分析普遍性。因此，该方法符合本书构建可验证性理论命题的研究目的。

3.3 研究设计

3.3.1 案例选择

对案例研究的案例选择是基于理论需求的而不是抽样，选取典型案例是基于案例研究方法研究的典型做法。为获取典型案例，本书通过政府相关部门获得了 62 个新创企业名单，通过案例筛选，最终确定六家新创企业作为案例样本企业。本书选取六家新创企业（分别以字母 A、B、C、D、E、F 来表示）为研究对象，选择依据如下：（1）在长沙市范围内，以产业/创业园区为主挑选案例企业，原因产业/创业园区的创业氛围更好，创业热情较高，并且企业的成立年限、企业规模都各有不同，便于对照组企业的选取；（2）企业建立时间为 2009 年左右，成立时间超过 3 年，使企业能够经历完整的创业机会开发和新企业成长阶段；（3）创业企业均在湖南省内，并且均为大学生创业企业，每个企业发展所处经济、政治、文化等环境相同；（4）将样本企业数量固定在六家，形成多样化的样本特性，且样本企业所属行业不同，创业氛围不同，这类样本符合对比性案例样本的选取原则，能够有效地形成可靠的结论；（5）对样本企业采用纵向跟踪调查的方式，跟踪观察其3年内的发展情况，同时收集充分的案例分析资料，在一定程度上确保信息的可靠度和真实度。企业的基本信息如表3-1所示。

表3-1 样本描述

企业	创立时间	企业性质	所在行业	企业成长发展期绩效（销售额、利润、员工增长率）
E	2010	丝印机设备	制造业	一般
A	2009	红酒销售	零售业	较好
C	2010	安防设备销售	零售业	较好
D	2008	碳素制品	制造业	好
B	2010	动漫制作	文化传媒业	好
F	2008	连锁加盟投资	服务业	优秀

3.3.2 数据收集方法

自2011年5月起，本书开始对各家案例企业发展过程中的相关情况进行收集，直至2014年6月完成整个纵向跟踪访谈过程。本书采用多种方法相结合的方法来搜集案例数据，主要包括访谈法、问卷调查法以及档案资料法等，这也形成数据间互相印证的作用。同时，为了确保收集资料时相关访谈内容的外在效度，本书采用“由一到多”的方式设计最终的访谈内容以及调查问卷。首先，根据前人的研究成果，对访谈内容进行初步设计，然后通过单个案例的访谈反馈，对访谈内容进行完善修改，从而形成最终的访谈内容，并在多案例中进行推广。此外，在每次访谈的过程中，一般包含4名团队成员以及被试者，团队成员主要负责访谈内容的提问与解释、被试者的回答记录、全过程中的录音以及现场资料的收集等，并且事先与被试者约定将访谈时间控制在2个小时内完成，并确保在24小时之内完成对录音的整理过程，从而能够及时跟创业者进行确认，确保访谈的质量。

本书的访谈对象是新创企业的创办人，这是因为，对于新创企业而言，其主要的社会资源绝大部分来源于创始人的社会资本。因此，本书主要针对创业者的创业导向、社会资本以及相关创业活动进行访谈。具体访谈内容见表3-2。与此同时，本书还利用半结构式的调查问卷对创业者创业导向、网络跨度、网络聚合以及企业绩效等相关数据进行了定量的收集。

表3-2　访谈对象及访谈情况

访谈对象	访谈次数	访谈问题
样本标准和案例选择		
长沙市创业富民办公室相关的工作人员	1次	“您怎样评判一个企业是否属于创业企业？” “您认为一个良好成长的企业应该具备哪些方面的特征？” “请为我们提供一份2010年左右成立的新创企业名单，并大概描述一下这些企业目前的大概情况。”
创业成长初期与发展期，案例研究公司的创业导向、社会资本以及企业发展		
创立者	6位受访者进行12次访谈	“请大致介绍一下您的创业历史。” “请问您在创业过程中，在承担风险、创新、先动性、积极参与行业竞争以及团队自主性这些方面您做得怎样？请通过一两个典型的实例来描述上述特征。” “您如何看待人脉圈或者关系网在商业活动中的作用，您在创业的过程中是否有意识地培养和积累人脉，您对此作出了哪些努力？” “请问你们创业团队在合作、协调以及执行力等方面表现如何？请您描述一下你们创业团队的基本情况。” “请您列出在创业过程中对您创业提供了重要帮助的人，画出您与这些人的关系网，并将关系网中相互认识的人连接。” “请您分别介绍每一个联系人所处的行业和所处的职位。” “您的这些关系在创业过程中给您提供了哪些帮助？这些帮助对于您企业起到了哪些作用或者有什么样的效果？” （创业企业成长初期、企业成长发展期分别进行一次访谈）

3.3.3 数据编码分析

毛基业和张霞（2008）的研究发现案例分析的最佳数据分析方法应该是定性研究方法和扎根理论中数据分析方法的结合体。因此，基于前人研究的成果，本书结合两种方法进行本研究的数据整理和分析。数据提炼阶段要从收集的大量原始数据中，根据研究问题通过编码、总结、分类和写作进一步压缩资料，我们通过原始数据整理，设计了以下编码方案（见表3－3）。

表3－3 数据编码方案

编码类目	编码	编码含义
通用编码	EO	创业导向（Entrepreneurial Orientation）
	NS	网络结构（Network Structure）
企业绩效	IVG	企业成长初期绩效（Venture Growth in Initial Stage）
	DVG	企业成长发展期绩效（Venture Growth in Developing Stage）
创业导向的作用	EO-IVG	创业导向对企业成长初期绩效的作用
	EO-DVG	创业导向对企业成长发展期绩效的作用
创业导向与网络结构的交互作用	(EO-NS)-IVG	创业导向和网络结构的交互作用对企业成长初期绩效的影响
	(EO-NS)-DVG	创业导向和网络结构的交互作用对企业成长发展期绩效的影响

数据编码是案例研究中的重要步骤，它关系到最终理论构建是否有足够证据支撑，数据编码能够达到三个层次的目的：编码能够产生新的概念、能够生成一系列的过程或者相关关系、能够解析出一个中心问题（毛基业和张霞，2008）。数据编码由3名研究员独立进行，编码过程中我们严格遵守了Strauss和Corbin（1998）的内容编码分析方法原则。一段表达一定意思的文字编码为一个条目，

然后根据条目所代表的意思归类为一个类目就是编码。在编码过程中我们做了一些编码规范：首先，先明确了预设模型中的各个构念的明确含义，编码的条目必须与各个构念一一对应；然后，进行编码时来自同一个资料来源的同一时段重复性的描述内容只编码为一个条目；其次，三个人进行单独编码，编码结束后三者将编码结果进行对照，三者编码相同的条目直接进入条目库，对于不一致的编码研究小组进行讨论之后再作出进入条目库或者删除的决定；最后，编码结束后，对于在编码过程中遇到的有争议的地方或者有新的发现，需要研究小组进行充分讨论再进行修订。编码过程中采取了以下的渐进式编码方法：

第一步：按照“创业导向”“网络结构”“企业成长初期绩效”“企业成长发展期绩效”“创业导向对企业成长初期绩效的作用”“创业导向对企业成长发展期绩效的作用”“创业导向和网络结构的交互作用对企业成长初期绩效的影响”“创业导向和网络结构的交互作用对企业成长发展期绩效的影响”8个类别进行开放式编码。

第二步：对“创业导向”“网络结构”“企业成长初期绩效”“企业成长发展期绩效”这4个类别下的条目分别进行编码，提炼和归纳出子活动或者子维度。

第三步：根据第二步归纳出来的“创业导向”“网络结构”“企业成长初期绩效”“企业成长发展期绩效”子活动和子维度归纳的主维度。

第四步：根据第三步得出的主维度以及第一步中开放式编码条目，对“创业导向对企业成长初期绩效的作用”“创业导向对企业成长发展期绩效的作用”“创业导向和网络结构的交互作用对企业成长初期绩效的影响”“创业导向和网络结构的交互作用对企业成长发展期绩效的影响”4个类别进行关联式的编码。

在编码提炼创业活动的子活动和主活动的过程中，本书结合了创业办的专家对于创业早期活动分类的意见，并将编码后的子活动提炼结果给专家进行审核，得到认可之后再进行下一步分析。

对于本书所涉及的关键变量的测量除了访谈过程中创业者定性的描述之外，我们还通过问卷获取的定量数据，这样可以整合质性资料和量化资料。毛基业和李高勇（2014）[235]在总结案例研究方法时表示有的案例研究中会出现一些定量化的数据，比如说设计到“结果”“绩效”等问题时，把这些定量数据与质性资料进行联合分析，也是案例数据分析的一种策略。因此，除了通过案例访谈获得的定性的资料，本书还通过问卷获取定量数据（见附录3），这样使得证据来源多元化，并形成三角证据链。本书所使用的测度量表均采用较为公认的概念定义和成熟的量表相结合的方法来实现概念的可操作化，使结果更为直观。

企业绩效。依据 Reynolds 等人对创业阶段的划分，本书主要研究创业企业成长期的企业绩效水平，并将企业成长划分为企业成长初期和企业成长发展期，对于企业成长初期而言，在访谈中，要求创业者回答自身企业自成立后一年内的利润、销售额和员工数量的增长比例或者减少比例（季度值）；对于企业稳定阶段而言，在访谈中，要求创业者说出自身企业最近3年内的利润、销售额和员工数量的增长比例或者减少比例（年度值）。随后，通过将以上三个指标平均来作为创业企业成长过程中不同时期的企业绩效水平。

创业导向。依据 Hughes 等（2007）[236]的测量方法，所有条目均采用7级李克特式量表，“1”表示“非常不同意”；“7”表示“非常同意”。随后，通过将所有条目的指标值加总后平均来作为创业导向的指标值。

网络跨度。依据 Watson（2007）的研究，本书将创业者的网络联系分为10类，即银行、商业咨询、外部审计、行业协会、小型发展企业（SBDC）、律师、税务部门、家人、本地业务以及其他行业，受访者被要求列出在新创企业成长过程中对自己创业提供过帮助的人的名单，并将他们进行归类。所有这些个体实际分布的网络类型个数即为网络跨度的指标值，取值范围从0到10。

网络聚合。本书采取自我网络中心法，受访者被要求说明之前列出的联系人之间的关系："0"表示"没联系"；"1"表示"有联系"。根据Burt（1992）的研究，本书将网络聚合看作创业者网络中每对联系的局限的总和，采用Burt（1997）[237]中的测量公式（3-1）：

$$C_i = \sum_{j=1}^{N} c_{ij}, i \neq j, c_{ij} = \left[p_{ij} + \sum_{q=1}^{N} (p_{iq} p_{qj}) \right]^2, q \neq i, j \quad (3-1)$$

其中 p_{ij} 表示 i 与 j 之间的联系强度的标准值，$\sum_{q=1}^{N}(p_{iq}p_{qj})$ 表示 i 与 j 的所有共同第三方联系的强度值。本研究采用UCNET6计算网络聚合，取值范围从0到1。

3.4 案例企业的简介

A企业创立于2009年，6名创始人。是一家大学生合资创业的企业。该企业主要从事红酒销售，自创品牌"罗芙莱"葡萄酒，主要负责西班牙马赛特葡萄酒的全线酒品销售，产品涵盖集团旗下数十个品牌，上百个品种的纯进口原瓶葡萄酒。公司主要合作商包括某大型房地产商以及各大商会，公司以其完善的物流配送体系和良好服务在业内具有良好声誉，属于成长较好的企业。

B企业创立于2010年，1名创始人。经营范围包括：广播电视节目制作经营；动画、漫画产品的创意、设计、开发；影视动画开发；影视后期制作；动漫衍生产品研究、开发；动漫技术信息咨询；广告的设计、制作、发布、代理服务。该企业现拥有500平方米精装办公区域和1 000平方米扩展区域。主要业务分为两大方向：

一是原创项目，包括3D立体动画和传统影视动画的拍摄制作；二是服务项目，包括动漫游戏外包服务、影视特效、企业产品虚拟现实制作等项目，属于成长好的企业。

C企业创立于2010年，1名创始人。公司致力于可视对讲系统、智能家居系统、智能停车系统、校园安防、家庭安防等。公司曾负责某高校教职工公寓、长沙某标志性建筑安防系统建设，中标多个政府部门安防系统项目，在业界拥有良好口碑。公司拥有建设部建筑智能化工程专业承包二级资质、建筑智能化系统集成专项工程设计甲级资质，属于成长较好的企业。

D企业创立于2008年，1名创始人，是一家经营非标准碳素制品加工销售；石墨增碳剂、碳素粉末生产销售；锂离子电池石墨负极材料生产销售；废旧碳素材料回收销售；石墨化焦料生产销售；连续石墨化生产工艺与设备的研发推广的企业。公司历时4年，自主研发成功的“竖式高温连续石墨化炉”生产工艺，打破了西方少数国家的技术垄断，使我国成为少数几个拥有连续生产石墨化增碳技术的国家。该技术已获得两项国家发明专利，三项实用新型专利，已受理两项美国国际专利，属于成长好的企业。

E企业创立于2010年，1名创始人，属于大学生创业。创业者在深圳学习两年技术后决定回家乡发展创业。创立了一家生产丝印设备、丝印机、高精密聚脂网版、钢丝网版且广泛应用于太阳能电池、平板电脑、汽车电子、模塑制造、玩具、导光板、触摸屏、PCB、LCD、LENS等行业的公司。目前，公司年产各类网版150余万张，高档、中档丝印设备600余台，为广大网印客户提供专业的系统解决方案与服务。公司2013年员工数达400人，销售额达9 000万元，属于成长一般的企业。

F企业创立于2008年，1名创始人。主要经营特色项目加盟、餐饮原材料供应、项目评估咨询、企业文化包装业务。公司创立了多个风靡全国的小吃品牌，某小吃全国连锁店达600多家，带动就业 2 000 多人，连锁店年销售额超亿元。公司与各大媒体、政府部门、投资机构保持良好的合作关系，近年来公司开始拓展餐饮连锁业务以及线上线下相结合的汽车维修与美容连锁品牌经营业务，2014 年创立了“车工厂”品牌，吸引众多汽修店的加盟。F 企业近三年平均销售额增长率超 500%，2013 年销售额超 2 亿元，企业规模不断扩大，属于成长优秀企业。

第 4 章　案例研究分析

4.1　案例访谈结果

4.1.1　编码情况汇总

表 4 - 1 是对六家企业访谈文本进行编码获得的各编码类目及其维度、活动编码情况。通过初步编码总共获得 1 292 条条目，剔除无效条目 109 条，剩余 1 183 条条目。进一步编码获得创业导向相关条目 231 条。获得网络结构相关条目 154 条，编码得到网络结构 2 个主维度。获得创业成长活动条目 613 条，其中创业企业成长初期相关条目 328 条，主活动 2 个以及子活动 4 个；企业成长发展期活动相关条目 285 条，主活动 2 个，子活动 5 个。创业导向与创业成长活动相关条目 209 条；创业导向与网络结构交互相关条目 108 条。

表 4 - 1　　各编码类目及其维度/活动编码情况

编码类目	主维度/主活动	子活动/子维度
EO（创业导向）	—	—
	—	—
	—	—
NS（网络结构）	NR（网络跨度）	—
	NC（网络聚合）	—

续表

编码类目	主维度/主活动	子活动/子维度
IVG（企业成长初期）	IVG_1（构建核心竞争力）	IVG_{11}（提高团队执行力）
		IVG_{12}（技术或产品创新）
	IVG_2（获取关键资源）	IVG_{21}（获取风险投资）
		IVG_{22}（拓展客户资源）
DVG（企业成长发展期）	DVG_1（外生增长）	DVG_{11}（人才引进）
		DVG_{12}（拓展客户资源）
		DVG_{13}（吸引风险投资）
	DVG_2（内生增长）	DVG_{21}（技术或产品创新）
		DVG_{22}（提高管理效能）

4.1.2 创业导向的数据处理结果

本书采用时间序列分析方法，分析创业企业的创业导向在创业成长不同时期所呈现的特征及其对企业绩效的影响。表4－2列出了对创业导向的定性、定量度量。本书通过对创业企业创业导向的数据统计和分析发现，在创业企业成长初期与创业企业成长发展期，企业创业导向的水平并没有发生较大的变化。对于创业企业而言，创业者自企业成立以后一般都执行一个较为稳定的企业发展战略，不同的创业者有各自不同的创业行为特点，正是这种主要由创业者个人稳定性格特征所决定的创业导向战略使得其在整个企业成长过程中都不会发生较为明显的变化。

表4－2　六家案例企业创业导向的编码情况以及定量度量

案例企业	创业导向描述——典型条目	条目数	成长初期	成长发展期
企业A	我时常告诫自己，创业就要大胆尝试，在别人没有尝试时我们就去做，这样可能会比别人更容易成功。——A7 一直以来，我都会积极地参与商会或清华大学训练营这种活动来及时把握市场的变化。——A18	43	高（6.14）	高（6）

续表

案例企业	创业导向描述——典型条目	条目数	成长初期	成长发展期
企业 B	我始终认为一个成功企业需要有足够好的开拓精神，做别人没有想到的东西这样才能赚大钱。——B4 我们在寻求新机会时，一直保持着“敢为人先”的精神，一旦发现好机会，就立刻着手处理并制定方案。——B9	36	一般（5.29）	一般（5.43）
企业 C	我们公司的目标就是做好自己的品牌，保持不断创新的信念，完善自己的产品。——C8 我们不断去了解产品市场信息，接触更多优秀产品，以巩固完善自身技术。——C14	35	一般（5）	一般（5.14）
企业 D	要在这个行业立足，就必须有自己的技术，我们投资 2 800 万元搞技术研发，挑战国际领先成果，11 次失败后终于获得成果。——D6 创业的过程非常艰难，但不能退缩，要有激情，要不怕失败，坚持自己的信念才能获取最后的成功。——D21	48	高（6.29）	高（6.43）
企业 E	我们一直跟随大企业的走向生产产品，因为它们很有想法，公司前景规划也很好。——E7 我们一直采取较为保守的创新战略，我们属于稳抓稳打，不轻易尝试风险高的产品或技术创新项目。——E11	19	低（3.71）	低（4）
企业 F	我们的创业思想就是到社会上挖掘和培育具有连锁推广潜力的项目，然后把它推入社会，我们的宗旨就是用创新的模式做全能的行业。——F3 在我们的战略思考里风险是放到最后的，从来不去考虑的，我们要去做一件事，一定要充满自信。——F25	50	高（6.43）	高（6.57）

* 括号内数值为创业导向变量量表测量值。

4.1.3 网络结构的数据处理结果

创业者网络跨度是指创业者在创业过程中其社会网络中的联系人所跨越不同的行业、不同职位、不同社会地位的程度。它是衡量创业者联系人广泛性、多样性的指标。创业者网络聚合是指一对关系被共同的第三方强联系包围的程度，聚合的程度越高，网络成员间的联系越紧密。在本书中，本书通过对六家新创企业创业者的访谈以及半结构化的问卷，获得了六位创业者在创业企业成长不同阶段的网络跨度、网络聚合情况。本书通过要求创业者分别列出在创业企业成长不同阶段对其提供过重要帮助的10—25个人的名字，为遵守保密性原则，创业者在列出其名字时可用代号或者其他方式表示，并要求创业者写出每一个人所在的行业和所处的职位，还要求创业者说明之前列出的联系人之间的关系。然后通过中心测量法计算出每个创业者社会网络的网络跨度、网络聚合。表4－3展示了六家案例企业结构社会资本的定性和定量度量。

表4－3　　案例企业结构社会资本度量

结构社会资本	企业A	企业B	企业C
网络跨度	需要有人不断去了解产品市场，接触不同的人，融入不同的圈子，拓宽人脉的同时积累销售渠道	公司发展到现在大部分都是依靠蓝猫那些人的关系，依靠他们能给企业提供技术创新的保障	我们公司接手的项目有一部分是自己去找的，另一部分是客户找我们做的
网络聚合	团队成员有3人，每天的任务都是去接触不同的人，内部交流的机会比较少	我非常注意团队的管理，经常组织会议、活动来增强我们团队的凝聚力	经常组织团队成员搞搞聚会，在办公室喝茶谈谈心等，平时大家也比较亲密

续表

结构社会资本	企业A	企业B	企业C
结构社会资本水平	网络跨度，较高（7）	网络跨度，较低（5）	网络跨度，较低（5）
	网络聚合，较低（0.44）	网络聚合，高（0.73）	网络聚合，较高（0.58）
结构社会资本	企业D	企业E	企业F
网络跨度	想创业成功的人必须做的一件事就是培养人脉，我在这点上很成功。通过自己的行为、做事方式，培养和积攒了人脉	公司大部分业务都是由亲戚朋友提供的，到后来才慢慢涉及政府，比如工业园区的主任等	我将人脉分为两类：商界和政府。第一类，让我了解各行各业，给我带来合作的机会；第二类，政府，它能为我们保驾护航
网络聚合	我有7个股东，中间有3个退股，因为赚钱无望，但也有人出于我平时的为人处世方式选择留下来	我们公司的凝聚力还是可以的，大家熟悉我之后，都觉得跟着我做有前途	我的团队成员大部分是生活和学习圈中的，经常进行交流，感情也比较好
结构社会资本水平	网络跨度，高（9）	网络跨度，低（4）	网络跨度，高（9）
	网络聚合，较低（0.42）	网络聚合，低（0.33）	网络聚合，高（0.71）

* 括号内数值为变量量表测量值。

4.1.4 创业企业成长初期的案例访谈结果

在本书中，本书通过对六家新创企业创业者的访谈以及半结构化的问卷，获得了六位创业者在创业企业成长不同阶段的企业发展情况。对于创业企业成长初期阶段的主要活动，本书对六家企业创业者分别进行了访谈，并参考了相关文献，两者结合进行归类，总结了创业机会开发阶段的关键活动。编码结果见表4-4。第一，构建核心竞争力。一个真正创业的公司不只是空有一个名称，它需要有自己独特的核心竞争力，这样才能在市场上有立足之地。企业核心竞争力的构建主要包括以下两个方面：首先，来源于技术或产品创新的优势，通过创业者个人或团队的创造性，研发出具有创新优势的产品或技术，然后思考如何将新产品销售到市场中；其次，来源于团队的高度执行力，除了产品或技术创新所带来的优势，整个企业的发展还需要依靠团队的支持，在创业企业成长初期，好的团队执行力不但有利于解决企业发展、开拓市场中遇到的问题，还有利于提高工作效率，把事情办好，让企业更快更好地发展起来。第二，获取关键资源。创业企业成长初期最为需要的资源首先是创业的财务资源，也就是获取风险投资，一旦有了启动资金，创业者才能进行产品的开发、置办办公用品、人员招聘，等等。其次是市场资源，也就是客户资源等，在创业企业成长初期，创业者不但要建立一个公司，还需要将公司产品销售出去，这样才能为企业带来利益。

表 4－4　　创业企业成长初期活动及典型条目

<table>
<tr><th colspan="2">维度（条目数）</th><th>典型条目</th></tr>
<tr><td rowspan="2">IVG1 构建核心竞争力（53）</td><td>IVG11 提高团队执行力（25）</td><td rowspan="2">创业成功的一个先决条件有两点：一是优秀的创业体，创业项目；二是非常良好的创业团队。——B6
在刚开始创业的时候，我了解到我们国家从 1976 年开始一直由贵阳铝镁研究院从日本引进技术。因此，为了有自己的产品技术，我在初期投入了大量的资金和时间搞研发，靠坚持、信仰、创新把一个小小的乡镇企业发展为一个中等规模的特色企业。——D10
在刚创业的时候，我们团队从想到创业点子到拿出可实施操作方案用了一年，从可行性操作方案到比较成熟花了一年，两年时间才开始注册公司，我们团队的合作、协调和执行力基本可以达到 90 分以上，执行力就是我们公司发展初期的一个重要依仗，像执行力差的成员基本很快就被淘汰了。——E20</td></tr>
<tr><td>IVG12 技术或产品创新（28）</td></tr>
</table>

续表

维度（条目数）		典型条目
IVG2 获取关键资源（65）	IVG21 获取风险投资（32）	我在学校的时候也会做一些生意，赚的钱支撑了我的学费和生活费，但不足以支撑我做其他的创业项目，后来我毕业的时候身上已经没有钱了，后来我给我表哥的父亲打电话。第二天他把钱送到我家里来，我就是用这个钱在长沙进行创业。——F13
	IVG22 拓展客户资源（33）	刚打开市场的时候，我们搞市场的 3 个人每天的任务就是接触和融入不同的圈子，2011 年可能是我们做得最好的一年，由于这 3 个人的营销方式很新颖，那年我们的销售额突破了 100 万元。——A14 我们的重点放到对产品的推广上面，增加对产品和技术的了解才能更好地吸引客户，比如我们做的一号公馆和衡阳市公安局的项目都是靠我们自己找的，当然也有部分是客户找我们的，但深入的接触还是要靠我们自己去和客户培养关系。——C13

4.1.5 创业企业成长发展期的案例访谈结果

创业企业成长发展期是企业打开局面的关键时期，是决定企业未来成长速度以及成长空间的阶段。创业企业成长发展期需要大量的市场资源，产品销量好就意味着销售收入的提高，财务绩效会进一步上升。这个阶段同时需要大量的人力资源支撑企业的快速发展，高效的企业管理机制和优秀的技术或产品创新是企业快速发展的基石。还需要财务资源，包括拓展市场的营销费用、产品生产成本，企业自身管理费用也在上升。各类资源缺一不可。这些资源的获取与创业企业成长发展期主要活动密切相关。

通过案例访谈和文献梳理，本书整理出了创业企业成长发展期的主要活动，归类为两个主要活动：第一，外生增长。首先，就是拓展企业的客户资源。每个案例中的企业在企业成长阶段都强调客户的重要性，也花费很多的时间用于开拓市场。有些做得好的企业，客户遍布全国。其次，就是要进一步地融资以支撑企业营销费用和产品生产费用。这个阶段资金消耗量非常大，有些企业资金回笼速度比较滞后，要维持企业资金正常的运转，就需要进行融资。资金来源一方面可以通过银行贷款，另一方面通过投资者进行融资。再次，创业企业成长发展期的一个关键活动就是人才引进。企业的发展需要更多的专业人才，企业成立初期的创业团队虽然考虑到了能力和专业互补，但是企业发展过程仍然需要更多专业化的人才。在创业企业成长初期，企业可能就只有几个或者十几个人，每个部门每个岗位都是一人身兼数职，然而随着企业的快速发展，尤其是进入高速发展期时，每个人的工作强度增大，因此急需招聘新的员工。第二，内生增长。首先，就是不断进行产品和技术创新，提升产品和服务质量。众所周知，拓展市场资源是每个创业企业最为重视的环节，A 企业的创业者说：“把市场和客户拿下了，企业就成功了一半”，足以可见创业者对市场的重视程度。然而，要做好市场开发工作，就必须完善企业的产品或者服务。产品质量提高了，用户满意度和口碑也会逐步上升，销量也会增大。案例中的很多创业者都非常重视营销过程中营销人员的服务质量以及把关产品质量，做好这两点不仅会带来二次购买，还会使老顾客带来新顾客。其次，就需要提升企业的管理效能，创业企业成长发展期需要更规范、更全面的管理体系和管理流程来支撑企业的高速发展，企业成长的发展期在引入大量人才的同时，不可避免地会带来管理层次过多、决策周期拉长、人员冗余。因此，企业在面对这些新的问题时，需要加强团队合作，提升管理效能，例如采用项目管理的方式，建设多个团队，从而达到增强市场竞争力的快速执行能力。表 4 – 5 给出了创业企业成长发展期的主动活动和典型条目。

表 4－5　　创业企业成长发展期主要活动及典型条目

<table>
<tr><th colspan="2">维度（条目数）</th><th>典型条目</th></tr>
<tr><td rowspan="3">DVG1 外生增长（185）</td><td>DVG11 人才引进（75）</td><td rowspan="3">我们现在在拓展车工厂连锁业务，以前的工作人员主要是关注食品的，汽车专业人才缺乏。因此，我们现在主要在着手人员招聘事宜。——A19
因为我们周边朋友关系用得差不多了，所以只能在客户群体上面给自己划分一个大类：团购、餐饮、酒店。团购我们就找了私营企业、政府单位、酒店、餐饮等团购。这些都是我们带着产品硬着头皮跑下来的。——C17
那个时候我缺钱，缺钱的时候我只跟我的一个姐姐说，让她给我融点资。如果这个钱亏了全部算我的，赚了分她多少比例。我称其为保底性融资。——D24
我认为企业要做强做大，一定是靠正常建立的销售渠道，特别对于做产品制造业的来说，如果我们产品做好，东西卖不出去，肯定是客户市场出了问题。——E20</td></tr>
<tr><td>DVG12 拓展客户资源（58）</td></tr>
<tr><td>DVG13 吸引风险投资（52）</td></tr>
<tr><td rowspan="2">DVG2 内生增长（94）</td><td>DVG21 技术和产品创新（48）</td><td rowspan="2">通过简单集合他人技术和连锁经营的发展方式很难使企业发展壮大。因此，我们要对产品进行进一步升级，例如，以做臭豆腐为例，不但要集众家之所长来完善豆制品的生产过程，还有卤水的发酵、调料的配制等，我们同样聘用了很多有特长的人，汇集大家的特长，在各自的基础上进行融合创新，提升生产效率。——F37
2012 年 12 月我又从 LM 公司里面挖出 5 个高管到我这里直接做公司管理人，这 5 个高管全是 LM 的总经理和副总经理，把这些人拉过来之后，企业的管理效能就能得到进一步的提升。——B15</td></tr>
<tr><td>DVG22 提高管理效能（46）</td></tr>
</table>

4.2　创业导向与创业企业绩效的关系

为解析创业导向与创业企业绩效之间的关系，该书对六家案例企业创业导向与企业成长初期的绩效和企业成长发展期的绩效之间的相关描述进行了编码。结果显示，在创业企业成长初期和创业企业成长发展期阶段，企业绩效优秀的企业往往创业积极性比较高、创业活动比较频繁，创业导向相对较大。企业绩效一般的企业往往不注重创业活动的展开，创业行为的主动程度也不够。例如，F 企业创始人这样提到："我认为创业就必须要创新，创新不是简单的头脑发热，不是普通的灵感一现，它需要不断地思考，敏锐的洞察力，实实在在地去尝试，以及百折不挠的毅力与勇气。"而企业 E 则认为，"我们一直跟随大企业的走向生产产品，因为它们很有想法，公司前景规划也很好。我们保持着稳抓稳打的战略方案，不轻易尝试风险高的产品或技术创新项目。"然而，对于企业绩效介于一般与优秀之间的企业，创业导向的水平并不一直与企业绩效的水平呈正比例递进关系。具体而言，在创业企业成长初期，企业绩效水平更好的企业往往创业导向的水平也更高，例如，A 企业的创始人说："我时常告诫自己，创业就要大胆尝试，在别人没有尝试时我们就去做可能会比别人更容易成功。"然而，在创业企业成长发展时期，创业导向水平高的企业并不一定有较好的企业绩效，他们投入大量的时间和精力去提高企业的创业导向水平，但没有带来与之相符的高成长回报。例如，D 企业董事长这样提到："我认为要在碳素制造这个行业立足，就必须有自己的技术。因此，我们花费 4 年左右的时间搞技术研发，挑战国际领先成果，2 800 万元的投资，12 次失败之后最终获得成果。可能是由于技术研发的大量投入，对销售方面有所忽略，导致最近几年的销售额及利润增长率并不高。"

本书还通过调查问卷获取了创业导向以及创业企业成长初期和企业成长发展期的企业绩效的变化情况，如表 4-6 所示。通过数据对比分析发现，随着企业的发展，企业创业导向的水平并没有发生明显的变化，但创业导向与企业绩效之间的关系发生了明显的改变，具体而言，在企业成长初期，企业绩效好的企业往往拥有较高水平的创业导向；而在企业成长发展期，企业绩效优秀的企业创业导向水平最高，企业绩效最差的企业创业导向水平最低，但在其余四家企业中，企业绩效更好的企业并不一定拥有更高水平的创业导向，例如，B 企业绩效优于 D 企业，但其创业导向水平却低于 D 企业，这与上述质性资料分析结果是一致的。

表 4－6　　创业企业两阶段创业导向与企业绩效情况

企业	两阶段创业导向变化情况			两阶段企业绩效	
	成长阶段	稳定阶段	增减情况	成长初期	成长发展期
A	6.14	6	0.14	45%	54%
B	5.29	5.43	0.14	33%	147%
C	5	5.14	0.14	13%	79%
D	6.29	6.43	0.14	70%	106%
E	3.71	4	0.29	4.5%	11%
F	6.43	6.57	0.14	105%	211%

综合以上所述，我们提出以下命题：

命题 1a：在创业企业成长初期，企业绩效越好的企业往往拥有越高水平的创业导向。即创业导向水平越高，企业绩效越好，创业导向对于企业绩效而言，是充分且必要条件。

命题 1b：在创业企业成长发展期，创业导向对于企业绩效而言，是必要条件而非充分条件。即高水平的企业绩效都离不开高水平的创业导向，但高水平的创业导向并不一定带来更好的企业绩效。

4.3　网络结构的动态变化规律

本书采用时间序列分析方法，分析创业者网络结构在创业不同阶段所呈现的变化规律。通过创业者网络结构的数据统计和分析发现，在创业企业成长初期，创业者的社会网络主要由创业团队成员、亲人、朋友和同学组成，这种网络结构跨度通常较小，但聚合度较高。在这一阶段，创业者一方面通过亲人朋友来获取企业成长所需的关键资源；另一方面通过与团队成员的紧密互动尽快打造企业的核心竞争力。而在企业成长发展期，创业者的社会网络不再局限于身边的人，开始通过创业成长初期形成的“核心内圈”向外扩散，逐步形成一个更多元化、多层次的社会网络，这种网络结构通常以内部核心圈为主，围绕核心内圈向外发散，最终形成一个“内部联系紧密，外部联系松散”的社会网络。如图 4 - 1a 和图 4 - 1b 所示 F 企业创业者的社会网络在创业两个阶段的动态变化情况。因此，由创业者社会网络结构图可以发现，创业者的社会网络会随着创业发展而不断发生变化，创业者网络结构和创业之间存在某种关联。

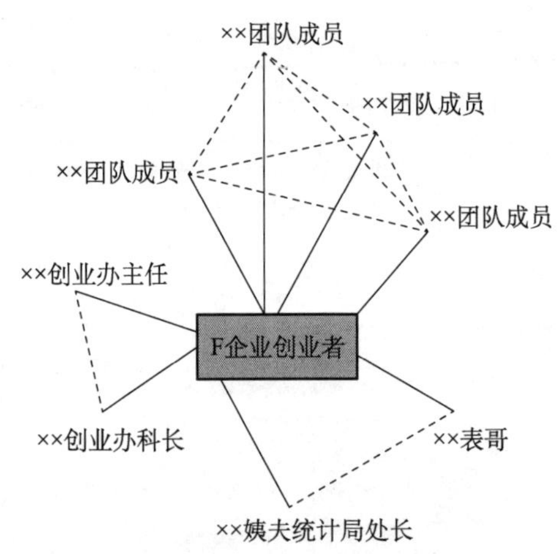

图 4 - 1a　F 企业创业者创业企业成长初期网络结构

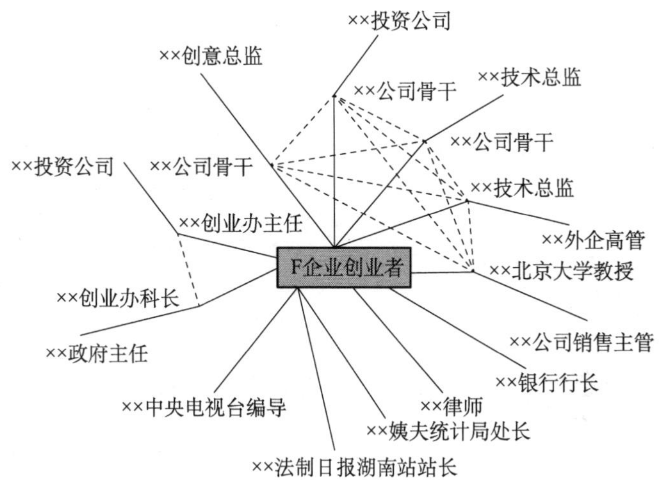

图4-1b F企业创业者创业企业成长发展期网络结构

4.4 创业导向和网络结构的交互作用对企业绩效的影响

4.4.1 创业企业成长初期

为了进一步揭示创业导向差异化的作用机制，本书选择了四家绩效较好的企业，并对四个企业创业导向、网络结构、创业企业成长初期和创业企业成长发展期的企业绩效各维度之间相关关系的编码结果进行统计。根据姚铮和金列（2009）[238]的观点，案例分析中编码的维度的条目数反映了该维度的强度，据此本书进行了表4-7所示的分析。

表 4-7 创业导向、网络结构对创业企业成长初期的促进作用编码

编码主题	维度	条目数	典型条目
(EO-NR)-IVG	(EO-NR)-IVG_1	9	“同处一个行业作出来的产品大体上是一致的，只有接触不同的行业才能接触到更多的资源和关系，也就会让我们接触到更多的技术，而我们这些纯技术的企业都是靠技术吃饭的，只要有一天技术跟不上了公司就死了，有了技术上的创新公司才能更好地发展。”——D9
	(EO-NR)-IVG_2	8	“在公司刚成立那段时间，企业的发展基本依靠的是最原始的团队成员，都是我的大学同学，共6人，尽管大家都有一腔热血，但苦于没有销售经验和经济基础，导致我们一是没有足够的资本去进货，二是找不到合适的合作客户。”——A6
(EO-NC)-IVG	(EO-NC)-IVG_1	26	“在创业一开始只有一腔热血，然而通过不断的接项目，并在团队成员的亲密合作下，不但对这一行业的产品有了更深入的了解，成员也更加明确自己的作用，团队整体执行力极速提高，也正是因为如此，才能在安防这一行业作出自己的品牌。”——C8
	(EO-NC)-IVG_2	34	“我们的重点是先将自己的品牌做起来，但是单靠自己的力量成不了大事，因此需要有一个有凝聚力的团队，我认为我的团队还是不错的，正是因为我们的品牌有保障，团队又靠得住，才会吸引各种人才和客户资源，让我的公司发展得更好。”——B15

由表 4-7 可知，在创业企业成长初期，创业导向与网络跨度交互对构建核心竞争力和获取关键资源起促进作用的条目分别有 9 条和 15 条，而创业导向与网络聚合交互对构建核心竞争力和获取关键资源促进作用的条目分别是 26 条和 34 条。这说明网络聚合比

网络跨度与创业导向的交互对创业企业成长初期的企业绩效水平作用更加显著。通过对创业者创业历程的分析发现，在创业企业成长初期阶段，新创企业存在“新进入缺陷（liability of newness）”，获取资源的渠道比较匮乏，致使新创企业经常缺乏战略性资源和社会关系，然而这些资源以及社会关系在创业导向对企业绩效的影响中具有重要的作用。因此，在企业成长初期，创业者往往更集中精力向创业团队成员以及一些紧密联系的朋友寻求资源与帮助。尽管此时创业者的社会关系网比较小，但网络内部成员之间的紧密联系意味着成员间的交流和信任水平较高。当积极的创业导向辅以网络成员间的紧密联系，一方面不但有助于企业利用有限的资源完成高效率的产品和技术创新；另一方面还能帮助企业在实施积极的创业活动时从紧密联系的朋友那里获取投资和客户资源，也只有内部联系紧密的网络才能保证成员愿意一起承担进行创业活动的风险，从而给予帮助，如条目D9和C8所示。当然在创业企业成长初期，创业者也会逐渐拓宽自己的社会网络，有些网络成员会给创业者提供产品或技术上的帮助，还有些网络成员会出于对企业产品的认可为企业带来更多的客户资源，如条目B15和A6所示。但总体而言，在创业企业成长初期，网络聚合比网络跨度与创业导向的交互更有助于企业绩效水平的提高。根据以上案例访谈数据的分析，本书提出以下命题：

命题2：在创业企业成长初期，网络聚合与创业导向的交互比网络跨度与创业导向的交互更有利于提高企业成长初期的企业绩效水平。

4.4.2 创业企业成长发展期

通过表4-8的数据编码结果可见，在创业企业成长发展期，创业导向与网络跨度交互对外生增长和内生增长起促进作用的条目分别有32条和9条，这说明网络跨度与创业导向的交互更有利于外生增长。通过对创业企业成长历史的分析，我们发现，在企业成长发展期，创业者原有的核心网络远不能支持企业的高速发展，创业者开始不断地寻求外部的网络资源，随着创业者网络跨度的提高，不但给企业提供了丰富的资源，帮助企业获取各方的异质信息，使企业的产品创新得到了保障、先动性行为得到了支持，还使创业企业的高风险创业活动能够被更全面评估，进而使企业能够更好地引进人才，与更多的客户进行合作，吸引更多的风险投资，如条目 A5 所示。当然在企业成长发展期，随着创业者不断扩展自身网络资源，还能广泛地接触外界新的产品设计，进而将其应用到企业的新产品或新技术研发中，如条目 D7 所示。据此，本书提出以下命题：

命题 3a：创业导向与网络跨度的交互更有利于外生增长。

表 4－8　创业导向、网络结构对创业企业成长发展期企业绩效的促进作用编码

编码主题	维度	条目数	典型条目
(EO-NR)-DVG	(EO-NR)-DVG_1	32	在企业发展一年之后，销售资源和渠道有了一定的积累，接下来就需要深入地了解产品市场，扩展客户渠道，当时团队有 3 个人每天的任务就是去接触不同的人融入不同的圈子，“我们将这些接触的人分成三类：团购、餐饮和酒店。通过这种明确的分类，有利于我们更全面地审视自身的产品，合理地评估创业行为，从而吸引更多的客户以及投资。”——A5
	(EO-NR)-DVG_2	9	“我们作为靠技术吃饭的公司，除了要有创业的理念和激情外，还要和合适的人合作，我们一次又一次地与享受国务院津贴的专家以及设计研究院合作，不断地吸纳更多的技术人才和客户资源，最终在碳素行业获得国际领先的技术成果。”——D7

续表

编码主题	维度	条目数	典型条目
(EO-NC)-DVG	(EO-NC)-DVG_1	8	"我们在企业成长的3年过程中积累了很多人脉资源，通过各种聚会和娱乐活动使大家的资源可以进行共享，虽然彼此之间可能存在着竞争关系，但通过合理的利益分配，彼此之间也保持着合作的关系。"——C6
	(EO-NC)-DVG_2	35	"我和我的总经理经常会在会后互相问团队其他成员刚刚说话有没有什么问题，彼此之间可以直接坦言指出，当然，这些话肯定都是忠言逆耳的，但在我创业的这两年，我发现这也是非常重要的，团队内部的这种沟通交流模式不但有助于我公司在新产品开发时避免走弯路，还能够有利于团队合作效率的提高。"——B12

关于网络聚合和创业导向的交互在企业成长发展期的作用，据表4-8中的编码可知，创业导向与网络聚合交互对外生增长和内生增长起促进作用的条目分别是8条和35条，这说明网络聚合与创业导向的交互更有利于内生增长。通过对创业企业成长历史的分析，文章发现，在企业成长发展期，创业者除了投入较多的时间和精力到扩展自己的人脉网络之外，同时也并没有忽视网络成员间紧密联系的重要性，创业者往往以会议、活动、聚餐等形式使网络成员保持紧密的联系。这种较为充分的联系有利于成员之间信任的产生，从而能够促进成员间隐性信息的共享，使企业在执行战略决策时能拥有高度的一致性，进而有利于管理效率的提升。此外，企业在进行产品创新时，网络聚合带来的有效沟通使产品创新在更优的环境中进行，进而有利于产品、技术创新效率，如条目B12所示。与此同时，网

络成员间紧密联系所形成的高聚合网络还有利于促成网络成员间的合作关系，也只有在紧密联系、彼此熟悉的情况下，网络成员间才可能形成“双赢”的格局，如条目C6所示。据此，本书提出以下命题：

命题3b：创业导向与网络聚合的交互更有利于内生增长。

4.4.3 创业导向、网络跨度和网络聚合的三项交互作用

为了更深入地分析不同网络结构与创业导向交互作用差异化的原因，本书将不同企业成长时期创业导向、网络结构（网络跨度和网络聚合）和企业成长水平的测度值整理如表4－9所示。

表4－9 创业导向、网络结构和创业企业成长情况

企业成长	变量	企业E	企业A	企业B	企业C	企业D	企业F
企业成长初期	创业导向	3.71	6.14	5.29	5	6.29	6.43
	网络跨度	2	5	4	3	6	7
	网络聚合	0.52	0.52	0.71	0.63	0.55	0.63
	企业绩效	4.5%	45%	33%	13%	70%	105%
企业成长发展期	创业导向	4	6	5.43	5.14	6.43	6.57
	网络跨度	4	8	6	6	9	9
	网络聚合	0.33	0.44	0.73	0.58	0.42	0.71
	企业绩效	11%	54%	147%	79%	106%	211%

据表4－9可知，通过观察对比创业导向、网络跨度、网络聚合以及企业绩效的水平，本书可以将企业分成以下三组：创业导向、网络跨度、网络聚合三者水平都高的企业（企业F），其企业绩效最优；只有两者水平较高的企业（企业D、企业A、企业B、企业C），企业绩效处于较好与好之间；三者水平都低的企业（企业E），企业绩效最次。因此，基于以上对四家企业绩效较好企业的分析，文中对企业绩效优秀的企业进行深入分析如下：企业F的

创业者说，“我认为我们的成功主要来自于两个方面：首先是团队，我们经常组织会议、活动，提高成员亲密度，进而提高团队执行力；其次是人脉，我们将其分为商界和政府，商界的人脉有利于信息的互通，政界的人脉为创业者保驾护航。”而且企业F的创业者还指出，如果只局限于内部成员间的交流，将会阻碍新资源的进入和获取，不利于创新观点的产生；反过来如果花费大量的时间和精力去扩展自己的交际圈，而不注重团队内部的建设，即使发现了好的商机，也不一定能成功地挖掘其应有的商业价值。企业F的创业者这样总结到，创业成功离不开优秀的创业项目以及良好的创业团队。因此，本书认为，高水平网络跨度能够为企业带来丰富的异质性资源，使企业及时了解市场信息，而高水平网络聚合使企业能够更加有效利用这些丰富资源，把握住关键的资源和信息，为创业战略决策的进行提供最有利的资源和信息基础，从而促进企业成长。据此，本书提出以下命题：

命题3c：创业导向、网络跨度和网络聚合的三项交互作用使新创企业成长达到最佳水平。

4.5 本章小结

综合以上对六家创业企业的案例分析，本书发现，创业导向和网络结构的交互能够促进创业企业成长，并且在成长的不同时期作用机制不同。根据姚铮等的观点，在变量相关关系编码中，条目数大于等于所在类别条目总数的10%，两者关系较强，用实线表示；条目数小于所在类别条目总数的10%，两者关系较弱，用虚线表示。因此，本书得出了创业导向与网络结构对创业企业成长的作用机制模型，如图4-2所示。

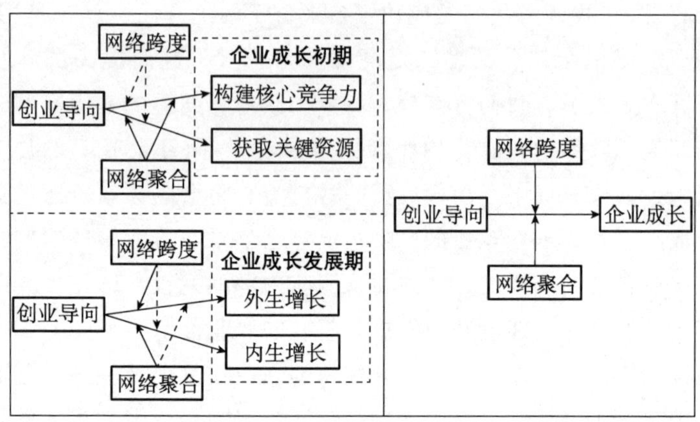

图 4-2　创业导向和网络跨度、网络聚合交互对企业成长的作用机制

第 5 章　理论模型与研究假设

5.1　有待深入研究的问题

第 2 章对创业导向、社会资本以及创业绩效等方面的研究进行了回顾，第 3 章、第 4 章在现有研究基础上针对创业导向对创业企业绩效影响的研究悖论问题展开了探索性案例研究，试图打开创业导向对创业企业成长发展不同时期影响的“黑箱”问题。下面对有关研究贡献以及有待解决的问题进行简要总结。目前，本书通过探索性案例研究主要有以下研究贡献：

其一，本书以动态跟踪案例研究的方法研究了创业导向对企业成长不同时期的企业绩效的影响机制。现有研究大多从情境因素的角度去考虑创业导向与企业绩效关系的争议性结论，少有研究从企业成长的阶段性差异出发研究创业导向的作用。而 Su 等（2011）指出，创业导向对于已建立的和新创的企业可能有着不同的影响。基于此，本书借助纵向案例研究方法，有助于更清晰地观察在企业成长不同时期创业导向发挥的作用，从而加深对创业导向和企业绩效之间关系的理解。

其二，本书有助于丰富创业导向与企业绩效关系间权变因素的研究成果。现有研究关于权变因素的讨论大多数局限于组织和环境因素，比如环境动态性、行业特征、企业文化、高管团队特征，等等。很少有文章研究网络结构特征在两者关系中的权变作用，本书发现网络跨度和网络聚合分别调节创业导向和企业绩效之间的关系，这一发现印证了社会资本具有权变价值的观点，并与 Stam（2008）的研究结论一致，即特定网络结构对企业绩效的影响依赖于企业的创业导向。

其三，本书结合 AMO 理论，从“动机—能力—机会”三个方面分析创业企业成长过程中创业导向这一创业行为动机是如何依赖于网络跨度提供的丰富创业机会以及网络聚合提供的资源整合能力来发挥对企业成长的作用的。AMO 理论指出，如果人力资源管理能够满足员工的能力、动机和机会的要求，组织的利益将最大化。高水平的网络跨度能为企业提供异质性资源的获取渠道，为企业带来丰富资源的同时也带来了许多新的机会。而高水平的网络聚合下产生的高效资源整合能力，使企业能够快速从这些新机会中识别出真正有利于企业成长的机会。与此同时，创业导向也发挥着重要的作用，因为它“提供使用这些资源的动机，通过合理利用这些资源所带来的机会，创业导向不但提供了企业创业行为的方向和目标，还有助于识别对成长有利的机会”。因此，本书有助于丰富跨领域研究的理论成果。

此外，在现有研究成果上，关于本书研究的领域还有一些有待深入探讨的问题，主要包括以下几个方面：

其一，目前本书仅从案例企业的研究视角出发对创业导向和创业企业绩效的关系展开了研究，未通过大样本的实证研究来检验相关研究结论的普遍性。因此，创业导向对创业企业成长影响的这个“黑箱”还需要进一步进行深入研究。

其二，尽管案例分析结果给出了创业导向对企业成长不同时期的影响机制图，但这种关系机制能否得到相关理论基础的支撑，形成有效的理论模型，还有待结合现有研究成果与理论对相关关系进行进一步分析。

5.2 本书拟解决的关键问题

在对现有研究成果和不足进行梳理之后发现，本书拟解决的关键问题如下：

其一，对创业导向和创业企业成长之间的关系进行更深入的理论分析。根据现有研究基础，将创业导向界定为创业者在进行创业活动时所表现出的积极承担风险、善于创新和乐于改变、并能够主动地采取行动参与竞争的倾向。主要反映了创业者的先动性、风险承担性和创新性。Hayton（2002，2005）、张慧（2007）、Moreno和Casillas（2008）等学者们已经从许多不同的角度对创业导向与企业绩效之间的关系进行了研究，为本书深入分析创业导向对创业企业成长的影响机制奠定了理论基础。

其二，对社会资本结构维度及其作为创业导向和新创企业成长之间的情景变量进一步深入分析。根据创业者社会资本结构维度的定义，将结构社会资本在本研究中进一步提炼为创业者的网络跨度以及创业者的网络聚合两个方面。Nahapiet和Ghoshal（1998），Tsai和Ghoshal（1998），Kale、Singh和Perlmutter（2000），Yli-Renko、Autio和SaPienza（2001），Yli-Renko、Autio和Tontti（2002），Moran（2005），Presutti、Boari和Fratocchi（2007）、刘寿先（2008）等学者则从不同的角度对社会资本与企业绩效之间的关系进行了研究，为本书深入分析结构社会资本在创业导向和企业成长之间的调节效应奠定了理论基础。

其三，通过一系列的规范分析，提出创业导向、结构社会资本和创业企业成长三者之间的理论模型以及相关研究假设，并通过收集大样本数据利用实证检验的方法对理论假设进行检验。Sanyal和Guvenli（2000）、Gibbons和Scott（2005）、Stam和Elfring（2008）

等学者的研究为将企业社会资本与创业导向的整合奠定了一定的理论基础。同时，本书在借鉴相关研究的基础上，将创业者年龄、企业年限、企业规模、创业者行业经验、管理经验以及创业经验作为控制变量。

5.3 研究议题的提出

依据第2章的相关文献综述以及第3章、第4章中案例研究对创业导向和创业企业成长关系机制的探讨，为进一步深入分析创业导向、结构社会资本以及创业企业成长之间的理论关系，本书在案例研究结论以及众多学者现有研究的基础上，对三者关系进行进一步拓展，为理论模型的构建和研究假设的提出提供铺垫。

针对现有研究关于创业导向对企业绩效的影响存在悖论的研究现状，可能的原因是两者之间可能存在重要的权变因素。一些学者已经从创业导向和外部环境特性或内部组织特性的交互效应去衡量创业导向和绩效之间的复杂关系。例如，Covin 等（1989）以及 Zahra 等（1995）研究了环境因素的调节作用，发现创业导向在竞争激烈的环境中对绩效有更大的积极作用，Wiklund 等（2005）也发现环境动态性调节小企业创业导向与绩效之间的关系。此外，Covin 等（2006）则研究了组织因素的调节作用，发现包括战略决策制定参与性、战略制定模式在内的战略过程变量调节了企业创业导向和销售增长率之间的关系。综上所述，这些研究充分说明创业导向与企业绩效之间并非简单的线性关系，它们还受到一些情景因素的影响。

尽管创业导向有助于创业者对创业机会的开发和利用，然而新创企业面临着生产销售活动的不足等问题，缺乏相关管理经验以及以往的信用记录，致使供应商不愿为企业提供生产资源，这种“新进入缺陷（Liability of Newness）”就导致了新创企业必然会承受较高的风险。对于新创企业而言，积极的创业导向要转化为企业绩效的提高，创业者外部资源的获取成为创业导向能否促进创业成功的关键因素，然而目前鲜有研究。

因此，本书从社会资本的权变视角来探讨不同结构社会资本对创业导向和新创企业成长之间关系的权变效应，一方面基于社会资本的资源获取和整合视角，有助于揭示创业导向对企业成长促进作用的影响机制；另一方面有助于创业者识别出何种网络结构特征对于增强或削弱以及何种网络结构配置最有利于创业行为和绩效之间的关系，帮助创业者探索构建合理的外部网络结构，从而促进创业成功。

5.4 研究假设的提出

5.4.1 创业导向与新创企业成长绩效

创业导向指的是个体层面的一种心理认知和行为态度，代表创业者在进行创业活动时所表现出的积极承担风险、善于创新和乐于改变以及能够主动地采取行动、参与竞争的一系列心理行为特征。学者们一致认为创业导向主要包含三个维度：创新性、先动性和风险承担性。创新性是指企业支持内部解决方法和外部服务发展中新想法、创造性和实验性的意愿。高频率的技术和产品创新更有利于企业发现新的机会，从而扩大市场份额。先动性表示通过预期未来市场需求为企业提供相对于竞争者行为优势的前瞻性和机会寻求视角。在这样一种前瞻性的视角下，先动性的企业能够更渴望成为先行者，从而更早地发现市场需求，及时利用新兴的机会。风险承担性与企业朝向不确定回报的组织计划作出大胆勇敢的资源承诺意向有关，也就意味着向绩效不确定的项目投入资源。高风险承担性的企业使创业者更放心去实施创业活动，从而更可能获取长远的利益。

关于创业导向的各个维度，先前的研究已经表明每一个维度对企业绩效都有着积极的影响。创新性的企业，在创造和引进新产品和技术的同时，会产生不同寻常的经济绩效，甚至会被认为是经济增长的引擎（Schumpeter，1934；Brown 和 Eisenhardt，1998）。先动性的企业可以创造先发优势，瞄准更为细分的市场，并收取更高的价格，从而遥遥领先于市场上的竞争者（Zahra 和 Covin，1995）。他们可以通过控制分销渠道和建立品牌标识来控制整个市场。风险承担与绩效之间的关系就不太明显。然而，风险承担与绩效之间的关系却不太明显。研究表明，尽管通过执行经验可靠的战略可能会带来高的平均绩效，但风险型战略会导致绩效的差异化，因为一些项目失败而另一些项目成功（March，1991；McGrath，2001）。

还有一个理由使我们相信，创业导向作为一个主要的构念会对新创企业成长绩效有普遍积极的影响。当今商业环境的一个普遍趋势是，产品周期和商业模式周期的急剧缩短（Hamel，2000）。因此，现有经营模式的未来利润流的方向是不确定的，企业需要不断去寻找新的机会。而创业导向可以协助企业完成这个过程，尤其对于新创企业成长而言，企业迫切需要从现有市场找到合适的切入点，维持企业的竞争力。一些实证研究已经证实了创业导向对企业绩效的积极作用（Wiklund，1999；Zahra，1991；Zahra 和 Covin，1995）以及一些轶事证据也支持了创业行为的价值（Hamel，2000）。

因此，本书提出以下假设：

假设 1： 创业导向对新创企业成长绩效具有正向促进作用。

5.4.2 网络跨度的调节作用

根据 Nahapiet 和 Ghoshal（1998）对社会资本的定义，他认为创业者的社会资本是指创业者所拥有的嵌入于创业者关系网络中的一切资源的总和，并将社会资本概括为三个维度：关系维度、结构维度以及认知维度。本书主要关注社会资本的结构维度，它涵盖了在这个网络结构中企业可以获得的所有关系和资源。本书具体研究结构社会资本中的两个主要内容：网络跨度和网络聚合。本书将网络跨度定义为企业创始人与外部联系跨越制度、组织或社会边界的程度，它评估的是一个企业在多大程度上跨越了不同的知识基础。网络聚合的定义为企业主要成员两两间的关系被共同的第三方强联系包围的程度，聚合的程度越高，网络成员间的联系越紧密。

网络跨度为创业者提供了接触不同个体的机会，这些个体均可能为创业者提供关键信息和资源。研究表明，一个公司是否有能力接触到并能获取非冗余的信息可能在很大程度上取决于该公司的网络跨度。一个创业型的企业可以利用网络跨度连接两个或两个以上的其他无关的网络以获得相关信息的控制优势。首先，企业通过从以前从未连接过的网络中获取多样化和非冗余的信息以派生出信息利益。其次，公司在多个网络之间建立桥梁来控制网络之间的信息交流。正因为如此，企业不仅有权访问不同来源的信息，而且它可以选择把信息共享给谁，共享多少信息，何时共享。网络跨度提供的这种控制多样化信息和扩大的机会优势通过影响创业企业获取资源从而作用于创业导向和企业成长之间的关系。高水平的创业导向使企业能够充分利用网络跨度来收集他们以前没有接触过的新思路和观点，并且访问多种不同类型的网络有助于创业企业寻找新的信息和快速检测环境的变化，从而挖掘更多的市场机会。因此，高的网络跨度通过提供大量的商业机会给创业企业来促进创业导向对企业成长的作用。

此外，网络跨度提供的访问多种不同类型网络的优势，使企业能够及时了解市场上产品需求变化、顾客信息变化以及其他创业企业是否也在开发类似产品等信息，这种市场信息及时性的优势也能提高创业导向对企业成长的作用。一个创业企业要想最大化获取市场机会的优势，不但取决于这个企业能够发现这些市场机会，还取决于这个企业在其他企业之前开发和利用这个机会。高水平网络跨度的信息及时性优势提供给创业企业关于它们何时应该主动追求一个特定市场机会的信息，这不但会减少机会获取的时间，同时也会降低与冒险性行为相关机会的失败可能性。因此，高的网络跨度还通过使企业及时获取市场机会和资源来促进创业导向对企业成长的作用。

最后，除了提供信息、机会和网络优势外，网络跨度还能使新企业与那些发展很成功的外部企业和组织建立联系（Stuart 等，1999）。因为具有较强创业导向的企业通常都是第一个推出新产品和服务的，那么他们会迫切需要获得这些创新性思想的合法性（Aldrich 和 Fiol，1994）。而高的网络跨度给创业者提供了大量的网络联系，从而加深创业者对创新活动的理解，并且增加其他组织对创业者企业的信任，这就会“顺带（piggybacking）”提高他们的合法性（Starr 和 MacMillan，1990）。行业外部的联系诸如风险投资者、教育机构以及媒体能使创业企业证明他们与现存的准则和实践的一致性，因此使企业获得有价值的资源并得以长久发展（Zimmerman 和 Zeitz，2002）。

因此，本书提出假设如下：

假设 2：创业导向与新创企业成长绩效之间的关系受网络跨度的调节，网络跨度越大，创业导向和新创企业成长绩效之间的关系越显著。

5.4.3 网络聚合的调节作用

网络聚合指的是一个关系被第三方强联系所围绕的程度。高的聚合网络有利于互惠性和信任的发展，这也会提高网络成员间分享隐性知识的意愿（Gargiulo 和 Benassi，2000；Kim 和 Mauborgne，1998）。信任可以定义为“形成组织的意愿是脆弱的”（Mayer，Davis 和 Schoorman，1995）。成员之间的高信任水平，促进信息的交流，因为网络的成员并不过分关注机会主义行为的潜在威胁（Inkpen 和 Tsang，2005；Jarillo，1988）。信任鼓励组织与另一组织分享高质量的信息（De Clercq 等，2010；Moran，2005）。此外，信任促进网络成员交流更加敏感的隐性信息的意愿（Li，Poppo 和 Zhou，2010；Tsai 和 Ghoshal，1998），并巩固组织吸收信息的能力（Levin 和 Cross，2004）。

也就是说，高的网络聚合意味着网络中的关系被强的第三方联系所围绕，此时网络中的成员更可能进行合作，因为他们明白如果不合作，这种不合作的信息就会迅速地传播给其他网络成员，从而限制未来与其他网络成员间合作的可能性。因此，高的网络聚合会促使合作规范的形成，使网络中的成员规范自己的行为，这样就会形成更高效的惩罚制度。从这个视角来看，网络成员之间会相互合作，因为合作是网络中共享的价值。而这种通过高聚合提升的合作规范，可以缓和网络成员间潜在的冲突，通过限制潜在的竞争，企业更容易集中精力和资源在创业导向这一战略行为的实施活动上，从而更大地发挥创业导向的作用。

此外，高的网络聚合意味着网络内成员间的交流和信任水平都较高，从而有助于行为一致性的产生。高网络聚合下的行为一致性能够使创业企业更好地协调网络内成员的任务分工，并明确创业企业自身的需求，提高企业的资源整合能力，进而更有效地对外部资源进行吸收和利用。当企业实施创业导向这一战略时，高网络聚合下的网络成员间就会产生较高的执行力，企业战略的执行力度就会大大地提高。这对于新创企业尤其重要，因为新创企业中的网络成员在以前没有在一起合作过，往往会面临协调难的问题。低水平的网络聚合会使网络中的成员浪费大量的时间和精力在分工和协调上，并且会促使企业战略得不到较好的执行。而高的网络聚合会使企业集中精力在如何使企业战略更好地实施上，从而更有利于发挥创业导向对新创企业绩效的作用。因此，本书提出以下假设：

假设3：创业导向与新创企业成长绩效之间的关系受网络聚合的调节，网络聚合越大，创业导向和创业企业成长绩效之间的关系越显著。

5.4.4 创业导向、网络跨度与网络聚合的三项交互作用

创业导向作为创业者在创办企业过程中开展创业活动时所展现的一种行为特征，虽然它能够有利于企业成长，但积极的创业导向对于企业成长而言虽然是必要的但也是不够的。新创企业创业活动的进行离不开大量外部资源的支持，在这种情况下，高水平的网络跨度会给企业带来新的市场机会以及信息及时性的优势，使企业能够拥有获取资源的渠道，从而接触到更多的市场机会，然而企业还需要网络中成员之间的合作来开发和利用这些机会。因此，网络成员间的聚合联系同样是新创企业成功不可或缺的一个重要组成部分。

高的网络聚合会降低网络成员间的交流成本，从而更快、更准确地共享高网络跨度所带来的资源和市场机会。关键信息资源的快速共享降低了网络中成员拥有独特的、独有的决策相关信息的可能性。与此同时，高的网络聚合会提高网络中成员间的信任，从而会促使成员在利用高网络跨度带来的外部资源时采取一致性行为。网络中成员间的信任保证了一致性行为的可能性，因为它避免了网络中的成员耗费潜在的时间和精力向其他成员说明外部资源的可信度

和真实性，从而提高了对外部资源的整合能力。这与 Reagans 和 Zuckerman（2001）的观点是一致的，他认为具有强内部联系的团队会促使研发小组更有效地利用稀疏和多样化的关系优势。事实上，创业导向代表了企业进行创业活动的一种行为动机，这种动机会使企业从高网络跨度所带来的大量资源和市场机会和高的网络聚合所产生的资源整合能力中创造更大的价值。因此，具有高创业导向的企业尤其能够获益于凝聚力高且跨度大的网络结构，因为这些企业积极地实施着具有高创新性和高风险性的战略行为和决策模式。

然而，具有高创业导向的企业在拥有跨度大的网络结构的同时，如果其网络结构的聚合度较低的话，其企业成长水平可能不会是最优的。高创业导向会促使企业进行大量的创业行为活动，创业行为是一种资源密集型的活动。当网络跨度较大时，企业就能够从丰富的外部资源中获得更多的机会，然而在低的网络聚合中，人际摩擦可能会使外部资源的共享活动难以进行，从而不能更有效地利用外部资源开发新的机会，也就意味着不能最有效地发挥创业导向的作用。相似的，当网络跨度较小时，企业不能通过网络成员获取丰富的外部资源，从而面临着机会匮乏的困境，而此时如果网络结构的聚合度很高的话，可能会加剧网络跨度的负面效应。因此，跨度小且聚合高的网络结构会促使企业局限于冗余重复的信息当中，不利于创业活动的进行。

通过这些讨论，本书提出假设如下：

假设4：创业导向、网络跨度和网络聚合的水平都高时，新创企业成长绩效水平最优。

5.5 整体模型架构图

通过对创业导向、社会资本与创业绩效相关文献的梳理和综述，笔者提出了本书的理论模型，具体如图 5－1 所示。

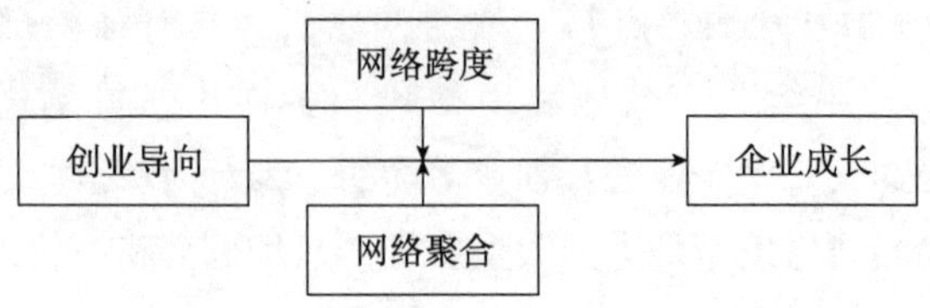

图 5－1　创业导向、网络跨度和网络聚合对新创企业成长作用的理论模型

第6章　实证分析

6.1　样本选取

本书以中国的创业企业为调查对象，这些样本中大多数企业都是创建不久的新创企业，少数建立时间稍长的企业仍然保持着积极的创业姿态。因此，这种具有针对性特点的调查样本使我们的研究也具有重要的意义。中国创业企业的特殊在于：首先，目前中国正处于转型升级发展的关键时期，新能源、生物医药、新一代信息技术等战略性新兴产业的高速发展极大地带动了中国的创业激情。其次，目前国家进一步深化就业战略，大力支持创业带动就业。最后，对于传统儒家文化的长久影响，“人情关系”在中国的政治经济活动中影响较大。因此，基于中国特殊背景下的研究具有更重要的实践意义，并进一步推进了中国管理研究的进程。

6.2　量表设计与变量测量

6.2.1　量表设计

获取真实可靠的样本数据的重要基础就是设计完善的测量量

表。因此，量表设计工作是定量分析中至关重要的一项工作。基于陈晓萍、徐淑英等（2008）[239]研究中所给出的设计量表的规范性过程，本书主要通过以下三个步骤来完成本研究的量表设计工作。

第一步，本书首先对相关重要的文献（主要包括创业导向、社会资本以及创业领域的相关文献）进行了详细的梳理，将本书所涉及的相关变量的测量题项均提炼出来，并基于中国的特殊背景从中挑选出合适的测量题项或测度公式。

第二步，对相关文献的梳理后发现，国外研究相比国内研究较为成熟，大多数重要变量的测量题项均来源于国外的研究。因此，准确理解并进一步通过中文完整表达其原意显得至关重要。本书通过“翻译—回译”的方法来完成上述要求，具体而言，即在团队成员的帮助下，首先将英文原文的原始测量题项或测度公式翻译成中文，形成一个初步的中文版本，然后将该中文版本翻译成英文，与原始测量题项进行比对，确保原文的准确表达，最终确定一个合适的中文版本。

第三步，为了测试上述版本的填写效果，明确问卷内容对于被试者的可理解性，本书随机选取了10—20位创业者进行了预测试(这些样本最终不会包含在实证分析的样本中)。通过整理分析这些创业者在填写完问卷后的反馈意见，本书进一步对问卷的内容进行了完善和修正。

此外，为了进一步确保被试者对问卷作出真实可靠的回答，本书在被试者进行调查问卷之前，对问卷作了简要说明，并对被试者承诺：(1）绝不泄露您或您的企业的任何相关信息；（2）在完成最终研究之后，为您提供一份本次调研的调研报告。

6.2.2 变量测量

（1）企业成长。反映的新创企业在成立初期企业各个维度的发展情况。参照 Gielnik 等（2012）的方法，首先获取企业最近 3 年内的利润、销售额和员工数量的增长比例或者减少比例，然后计算每项指标的年度平均增长率或者减少率。最后，将这三个指标整合到企业增长的一个指标。对于那些企业年限少于3年的企业，计算1年或者2年的年度平均值。

（2）创业导向。反映的是创业者在开展创业活动时的一系列心理行为特征和倾向。本书采用Covin和Slevin（1989）的9个题项的量表，所有题项均采用具有中立项的7级评价标准。针对Covin和Slevin（1989）的题项中询问一个企业是倾向于“消灭竞争者”还是“与竞争者共存”来测量竞争的侵略性而不是积极性，本书根据Lumpkin和Dess的量表将这一题项做了修改，即询问一个企业在介绍新产品或服务时，是“具有很强的倾向跟随别人推出新产品和服务”还是“有强烈的倾向在新产品、服务推出中领先其他竞争对手”。

（3）网络跨度。反映的是创业者自身社交网络的多样性与丰富程度。依据Watson（2007）的研究，我们将创业者的网络联系分为10类，即银行、商业咨询、外部审计、行业协会、小型发展企业（SBDC）、律师、税务部门、家人、本地业务以及其他行业，受访者被要求列出在新创企业成长过程中对自己创业提供过帮助的人的名单，并将他们进行归类。所有这些个体实际分布的网络类型个数即为网络跨度的指标值，取值范围从0到10。

（4）网络聚合。反映的是创业者在开展创业活动时所形成的社交网络的聚合程度。本书采取自我网络中心法，受访者被要求说明之前列出的联系人之间的关系：“0”表示“没联系”；“1”表示“有联系”。根据Burt（1992）的研究，我们将网络聚合看作创业者网络中每对联系的局限的总和，采用Burt（1997）中的测量公式如（6-1）式所示。

$$C_i = \sum_{j=1}^{N} c_{ij}, i \neq j, c_{ij} = \left[p_{ij} + \sum_{q=1}^{N} (p_{iq} p_{qi}) \right]^2, q \neq i, j \tag{6-1}$$

其中 p_{ij}表示 i 与 j 之间的联系强度的标准值，$\sum_{q=1}^{N}(p_{iq}p_{qi})$ 表示 i 与 j 的所有共同第三方联系的强度值。本书采用 UCNET6 计算网络聚合，取值范围从 0 到 1。

(5) 控制变量。本书选取了创业者年龄、企业年限、企业规模、创业者行业经验、创业者管理经验以及创业者创业经验作为控制变量。首先，大多数研究表明创业者特质是影响创业企业绩效的关键因素，且实证研究多选用创业者年龄、经验等作为关键核心变量。因此，本书将创业者年龄度量为创业者的实际年龄。其次，不同规模、不同年限的企业在经营生产、资源配置以及社会资本拥有量方面存在显著差异，进而对创业绩效产生影响。因此，本书将企业年限度量为企业自成立以来的时间跨度（以年为单位，精确到月），企业规模度量为企业员工数量。最后，由于创业者以往创业经历、工作经历中积累的技术经验、管理经验以及对市场信息的敏感度，都会对创业绩效产生影响。因此，本书还将创业者行业经验、管理经验和创业经验选为控制变量，其中创业者行业经验为创业者在创办该企业前在该行业工作的时间（以年为单位，精确到月），创业者管理经验为创业者在创办该企业之前是否在其他企业担任过高级管理职务，1 表示是，0 表示不是，创业者创业经验为创业者在创办该企业之前是否创办过其他企业，1 表示是，0 表示不是。

6.3 调查实施与数据收集

6.3.1 问卷发放与收集

本书以中国新创企业为研究对象，并采用调查问卷的方式搜集相关样本数据。本书的调查问卷主要通过以下三个步骤进行确定：(1) 问卷初步设计。基于前人的研究成果以及相关成熟的变量测量量表，并参考成熟的问卷设计内容，确定本研究的初步调查问卷。(2) 专家反馈。将初步设计的问卷发放给相关领域的教授、专家，根据专家反馈的意见对问卷进行进一步的修改。(3) 预测试。随机选取10—20家左右的新创企业（会在最终样本中剔除），将调查问卷发放给相关创业者，对问卷进行预测试，再根据创业者的反馈意见，对相关题项和内容进行修改完善，从而确定最终的调查问卷。

本书从2014年9月开始调研工作，一直到2015年的5月。本书采用两阶段调查法对调查问卷进行回收，主要有以下两个方面原因：(1) 对自变量和因变量进行分开收集，有利于缓解共同方法变异等问题。(2) 通过两阶段调查法能够降低被试者在答题过程中产生的疲惫感，从而有效提高被试者的答题质量。根据 Reynolds 等 (2005) 的研究，本书主要采纳企业成立时间大于3个月且不超过42个月的创业者为研究对象。调查问卷的发放和收集全部依托长沙市的一家独立调查机构，第一阶段，在全国范围内随机搜集到613名符合条件的创业者进行调查，两个月后共计回收306份问卷，剔除信息完整率低于80%的问卷28份；第二阶段，一个月后由该机构将第二份问卷发放给这278名被试者，两个月后回收229份，剔除信息完整率低于80%的问卷26份，最后得到203份有效问卷。

6.3.2 样本特征

本书涉及的最终样本数量为203个，其中来自服务业的占比最高，高达39.89%；其次为高新技术产业，占比34.98%；来自传统制造业的占比为22.17%；而来自农业的占比最少，仅2.96%。尽管我们采用随机调查的方式收集样本数据，但被试者的地理位置大多数集中在东南沿海以及华北及东北地区，而中部、西部的被试者数量仅在10%左右。最后，从被试者的性别分布来看，男性创业者占总样本量的56.16%，女性创业者占43.84%。具体分布如表6-1所示。

表6-1 样本基本统计信息（N=203）

创业者特性	分类标准	有效样本数	有效百分比（%）
性别	男	114	56.16
	女	89	43.84
年龄	18—32岁	110	54.19
	33—59岁	93	45.81
所在地区	东南沿海	87	42.86
	华北及东北	67	33.01
	中部	30	14.78
	西部	19	9.35
所在行业	农业	6	2.96
	传统制造业	45	22.17
	高新技术产业	71	34.98
	服务业	81	39.89

6.3.3 非应答偏差及共同方法变异评估

非应答偏差（non-response bias）往往影响模型的效果，为此，笔者在两次发放的问卷中按照提交时间将问卷分别分为“早”和“晚”两组，并对他们进行T检验，结果显示两次发放的问卷分组对比均不存在显著性差异（因为P值均大于0.1），所以，该模型中不存在非应答偏差问题。另外，为了降低共同方法变异的影响，笔者参照Podsakoff等（2003）[240]关于共同方法变异的处理过程，采用两种途径进行评估和预防：（1）如前文所述，我们采用国外较为流行的“两段式”问卷发放方式，将自变量和因变量的样本数据分开收集，进而控制和预防共同方法变异；(2) 我们对所有的测量条目进行了 Harman 单因素分析，分别选自“未旋转”和“主成分分析”，结果分析出特征值大于 1 的因子共一个，且没有一个主导因子出现，从而说明本研究方法中共同方法变异的问题不存在或者对本研究基本上不造成影响。

6.4 相关性分析及信效度检验

6.4.1 相关性分析

相关性分析是在进行回归分析前的主要步骤，利用相关性分析可以对自变量之间的关系、自变量与因变量之间的关系进行初步核查，如果自变量之间存在若干因素表现出显著的高度相关，则需要针对变量测度的方法效度进行核查，并同时对多重共线性问题进行排查；如果自变量与因变量之间的关系表现出低相关，则要考虑自变量的测度方式是否有效、自变量的选取是否合理等问题。本书采用常用的 Pearson 相关系数进行变量之间的相关分析检验，只有通过显著性检验的 Pearson 系数，才能表明两两变量之间在统计上存在正或负的相关关系，否则两者之间的关系在统计学上没有意义。Pearson 相关系数的取值位于 -1 至 +1 之间。若 Pearson 相关系数值过小（小于 0.2），则意味着两个变量之间的相关性较低，研究意义往往不大；若 Pearson 相关系数值过大（大于 0.7），则表明可能存在多重共线性问题。

本书在回归分析之前对自变量、因变量以及控制变量进行了描述性统计分析，并检验了各变量之间的相关性，具体如表 6-2 所示。从表中我们可以看出，主要变量之间的相关性很好。

表 6－2　各变量的均值、标准差及相关系数

变量	均值	标准差	1	2	3	4	5	6	7	8	9	10
年龄	31.96	5.52	1									
企业年限	2.51	1.08	0.197**	1								
员工数量	63.73	114.7	0.246**	0.0765	1							
行业经验	5.39	3.76	0.652**	0.092	0.203**	1						
管理经验	0.65	0.478	0.330**	0.096	0.124	0.384**	1					
创业经验	0.128	0.335	0.123	0.008	0.236**	-0.019	0.188**	1				
创业导向	4.377	0.805	0.143*	-0.008	0.181**	0.158*	0.287**	0.067	1			
网络跨度	6.12	2.53	0.068	0.022	0.185**	0.061	0.245**	0.051	0.235**	1		
网络聚合	4.34	0.632	0.043	-0.116	0.073	0.207**	0.101	-0.007	0.247**	0.247**	1	
企业成长	53.10	75.24	0.01	0.09	0.278**	0.307**	0.302**	0.002	0.504**	0.434**	0.352**	1

注：* 表示 $p<0.1$；** 表示 $p<0.05$；*** 表示 $p<0.01$。

6.4.2 信效度检验

（1）信度检验。信度检验一般是为了检验测量量表是否存在内部一致性问题，检验指标很多，常用的指标有两个：Cronbach's Alpha 系数和纠正条目的总相关系数（Correcte-Item Total Correlation，CICT）。

Cronbach's Alpha 系数是最为常用的信度检验指标，而且多用来检验某些测量条目是否归属于同一构念，其测量公式如（6-2）式所示。

$$\text{Cronbach's Alpha} = \frac{K}{K-1}\left[1 - \sum_{i=1}^{k}(S_i^2/S_p^2)\right] \qquad (6-2)$$

（6-2）式中，K 表示测量条目的数量，S_i^2 表示第 i 个测量条目得分的方差，S_p^2 则表示总分的方差。

一般而言，Cronbach's Alpha 系数的值位于 0 到 1 之间，且只有［0.7,1.0］范围内的 Cronbach's Alpha 系数能够表明良好的内部一致性；如果 Cronbach's Alpha 系数处于［0.35,0.7］，那么说明该构念的测量条目内部一致性一般（若接近 0.7，则可以视为“可接受”）；如果 Cronbach's Alpha 系数低于 0.35，那么说明该构念的测量条目的内部一致性和信度较差，且设计不太合理，需要对其进行修正。

与此同时，纠正条目的总相关系数（CITC）也是信度检验时的一项重要指标，根据先前学者的经验，纠正条目的总相关系数的值一般应该高于 0.5，否则，量表会表现出较差的收敛效度。

通过 SPSS17.0 对各潜变量进行统计分析，结果显示 Cronbach's Alpha 系数均高于 0.7，且纠正条目的总相关系数（CITC）均高于 0.5，表示本书调查问卷具有较好的信度，样本数据较为可靠。

（2）效度检验。根据陈晓萍、徐淑英和樊景立（2008）中对效度（Validity）的内容，本书界定效度是指既定量表能否测量到既定构念，或者说既定量表测量的有效性和准确性。效度指标有很多分类，其中包括表面效度、内容效度、构念效度以及效标关联效度。其中，表面效度主要用来反映参与者的心理特性；内容效度则取决于测量题项产生的实际背景，专家评判是检验内容效度较为常用的一种方法；效标关联效度表示量表中主要潜变量之间的关系，一般来说可以通过路径模型（Path Model）来检验。本书的测量题项均源自于国外比较顶级的文献及成熟的测量方法。因此，以上效度均可以得到相应程度的保障。本书主要检验的是测量量表的构念效度，该因素包括区分效度（Discriminant Validity）和凝聚效度（Convergent Validity）两种，前者是指量表中各潜变量之间是否存在显著性差异，后者则用来表示同一构念的不同观测变量是否与该构念的实际测量相符。本书通过验证性因子分析法（CFA）检验量表变量的凝聚效度，即实际判断潜变量与观测变量之间的假设关系与数据结果是否吻合，如果两者的吻合度较大，则说明凝聚效度较好；区分效度的检验则通过检验量表中各潜变量之间的相关系数与该潜变量的平均提取方差值（Average Variance Extracted）1 之间的大小关系（Gerbing 和 Anderson，1988），如果前者小于后者，则说明构念的区分效度较好。

本书需要进行信效度检验的变量包括创业导向和企业成长两个变量，现分别对两者进行信效度检验。

先对创业导向进行信效度检验，本书将分别检验聚合效度和区分效度来完成对创业导向的信效度检验。本书采用七级李克特式量表对创业导向进行测度，所有题项均采用具有中立项的 7 级评价标准。通过对这些项目进行因子分析发现，所有项目的载荷都高于 0.8。因此，本书将这九个题项组合成一个独立的测度量表（α = 0.84），这九个题项的平均评分被作为创业导向的最终测度水平，也就意味着分数越高，创业者的战略姿态更具有创业性。其一，本书利用验证性因子分析来检验创业导向的一维解，以评估变量的聚合效度。为了评估测度模型的整体拟合度，将使用以下指导原则：(1) Chi-square与自由度（df）之间应小于5；(2) 适合度指数(GFI)、调整的适合度指数（AGFI)、规范拟合指数（NFI)、非规范拟合指数（NNFI）以及比较拟合指数应接近或大于0.90；(3) 标准化残差均方根（SRMR）应小于0.05；(4) 近似误差均方根（RMSEA）应小于0.80（Baum和Wally，2003；Williams和Holohan，1994)[241,242]。结果显示，一维模型具有良好的拟合指数（卡比（Chi-square）/自由度（df）=18.06/13=1.39；GFI=0.98；AGFI=0.93；NFI=0.98；NNFI=0.99；CFI=0.99；SRMR=0.03；和RMSEA=0.05)。所有条目的标准化因子载荷都大于0.59，显示了较好的聚合效度。其二，为了检验创业导向测度量表的区分效度，本书又进行了两次分析。首先，本书对创业导向与企业成长同时进行了验证性因子分析，结果显示了良好的拟合指数（卡比（Chi-square）/自由度（df）=69.32/48=1.44；GFI=0.94；AGFI=0.90；NFI=0.96，NNFI=0.98；CFI=0.99；SRMR=0.05；和RMSEA=0.05)。所有九个创业导向条目的标准化因子载荷都不小于0.53。同样地，所有企业成长条目的标准化因子载荷都等于或大于0.67。这些指数证实了创业导向与企业成长的因子彼此是不同的并且具有较好的区分效度。其次，本书计算了九条目创业导向的平均提取方差值（AVE=0.75)，这个值远远大于创业导向与企业成长的phi方差值（0.32)，显示了较好的区分效度。此外九条目的创业导向量表还显示了较好的可信度（组合信度composite reliability=0.90)。

再对企业成长进行信效度分析。在进行正式因子分析之前，笔者通过统计分析软件SPSS17.0对企业成长进行了Bartlett球形检验和KMO检验，其中Bartlett球形检验值为21.519，KMO检验值为0.500，且KMO和Bartlett检验均为显著（$p<0.01$)。因此，企业成长完全适合进行因子分析。接着，本书通过统计分析软件Lisrel

8.7 对企业成长进行验证性因子分析，凝聚效度的评估标准共三个：（1）因子载荷值（Factor Loadings）需要大于 0.5；（2）Cronbach's Alphas 系数需要大于 0.7；（3）组合信度值（Composite Reliability）需要大于 0.7。满足以上三个标准，则说明凝聚效度较好。如表 6－3 所示，三个标准均达到要求。因此，企业成长的凝聚效度较好。另外，区分效度的评估标准只有一个，即各潜变量之间的相关系数不能超过该潜变量的平均提取方差值的平方根（$\sqrt{AVE}$），如果满足该标准，则说明该潜变量具有较好的区分效度。从表 6－2 和表 6－3 我们可以看出，各潜变量与企业成长的最大相关系数（为 0.504）仍小于企业成长的平均提出方差值的平方根（为 0.805），因此，企业成长具有较好的区分效度。

表 6－3　　企业成长的验证性因子分析（CFA）

潜变量	测量条目	标准负荷	CITC	Cronbach's Alpha	CR	$\sqrt{AVE}$
企业成长	A1	0.820	0.65	0.763	0.873	0.805
	A2	0.819	0.64			
	A3	0.839	0.68			

6.4.3　样本数据处理

在进行层次回归之前，本书对样本数据还做了一系列的处理工作。第一，数据标准化处理。本书基于 Aiken，West 和 Reno（1991）[243] 的研究，对本书所涉及的所有变量进行了标准化，数据标准化公式如（6－3）式所示。

$$y_i = \frac{x_i - \bar{x}}{s}, \text{其中 } \bar{x} = \sum_{i=1}^{n} x_i / n, s = \sqrt{\left[\sum_{i=1}^{n} (x_i - \bar{x})^2\right] / (n-1)} \tag{6-3}$$

数据标准化后各变量的均值和方差均为 0 和 1，并且数据标准化对于变量间乘积项的量纲没有影响。第二，方差齐性检验。本书利用 K-S（Kolmogorov-Smirnov）检验，对样本数据所涉及的所有变量进行了方差齐性检验，检验结果均为显著，这说明在层次回归分析中最小二乘法是适用的。第三，多重共线性检验。本书使用方差膨胀因子对变量间多重相关性进行了诊断，检验结果显示各变量的 VIF 值均处于 0 到 10 之间，这说明，多重共线性问题在本书中不存在，从而不会影响回归模型的无偏估计。

6.5 回归分析

通常，在考察变量间的因果关系时，实证研究中最常用的统计分析方法是回归分析方法。在理论假设的基础上构建能够有效反应变量间因果关系的回归方程，通过采集分析数据得出回归结果，可以根据回归结果判断出变量间的真实因果关系。一般而言，在研究涉及调节效应检验的回归模型时，需要采用层次回归分析法进行回归结果的检验，层次回归可以实现对两个或多个模型进行比较分析，通过比较不同模型所解释的变异量的差异来比较回归模型的拟合效果。如果一个模型解释了更多的变异量，则表明该模型对数据的拟合程度越好，与此同时，假设在保持一定条件不变的情况下，一个模型比另一个模型的回归结果表现出更好的拟合程度，则说明回归模型是得到了优化的。

本书利用层次回归分析对创业导向、结构社会资本以及企业成长之间的关系进行了实证检验，依次将主要的控制变量（包括创业者年龄、企业成立年限、企业规模、创业者相关经验）、自变量和调节变量加入回归模型中，从而构建了 4 个不同的回归模型。具体而言，创业导向、网络跨度、网络聚合和企业成长的层级回归分析见表 6－4。

表 6-4 创业导向、网络跨度和网络聚合对企业成长的层次回归结果

变量	企业成长			
	模型 1	模型 2	模型 3	模型 4
控制变量				
常量	-3.753E-15	-2.451E-15	-0.142	-0.142
年龄	0.009	0.013	0.046	0.044
企业年限	0.006	0.055	0.047	0.049
员工数量	0.238***	0.175**	0.170**	0.171**
行业经验	0.176**	0.099**	0.085**	0.087**
管理经验	0.224**	0.119*	0.099*	0.101*
创业经验	0.092	0.086	0.098	0.099
自变量				
创业导向		0.453***	0.478***	0.470***
调节变量				
网络跨度		0.091	0.022	0.022
网络聚合		0.222***	0.202**	0.184**
二元交互项				
创业导向×网络跨度			0.165**	0.161**
创业导向×网络聚合			0.222*	0.189*
网络跨度×网络聚合			0.201	0.204
三元交互项				
创业导向×网络跨度×网络聚合				0.028**
Adjusted-R^2	0.161	0.359	0.380	0.404
ΔAdjusted-R^2		0.198	0.021	0.024
F 值	7.468***	13.568***	14.56***	15.74***

注：* 表示 $p<0.1$；** 表示 $p<0.05$；*** 表示 $p<0.01$。

模型1检验控制变量对企业成长的影响。回归结果表明，企业规模以及创业者相关经验对企业成长具有显著促进作用（$\beta = 0.238$，$p < 0.01$；$\beta = 0.176$，$p < 0.05$；$\beta = 0.224$，$p < 0.05$）。模型2检验了自变量和调节变量分别对企业成长的影响，结果显示，创业导向（$\beta = 0.453$，$p < 0.01$）对企业成长有显著正向促进作用，假设1成立。此外，我们发现网络跨度对企业成长没有显著作用（$\beta = 0.091$，$p > 0.1$），而网络聚合对企业成长有显著促进作用（$\beta = 0.222$，$p < 0.01$）。模型3检验了网络跨度和网络聚合的调节作用，回归结果表明创业导向对企业成长的影响受到网络跨度的正向调节作用（$\beta = 0.165$，$p < 0.05$），假设2成立。网络聚合正向调节创业导向和企业成长之间的关系（$\beta = 0.222$，$p < 0.1$），实证结果表明假设3得到验证。模型4检验了创业导向、网络跨度和网络聚合对企业成长的三元交互效应，实证结果表明，当创业导向、网络跨度和网络聚合三者水平都高时，企业成长绩效最佳（$\beta = 0.028$，$p < 0.05$），假设4成立。

6.6 本章小结

为了更直观地揭示创业导向、网络跨度和网络聚合的三元交互效应对新创企业成长绩效的影响程度，本书利用SPSS软件描绘出了四种不同网络结构水平下创业导向与网络结构的交互效应图，具体如图6-1所示。从图中可以看出，在高网络聚合的前提下，创业导向对企业成长的正向促进作用受网络跨度正向调节，同理，在高网络跨度的前提下，创业导向对企业成长的正向促进作用受网络聚合正向调节。此外，我们还发现，在低网络聚合的前提下，创业导向对企业成长的正向促进作用依然受网络跨度正向调节。然而，相反，在低网络跨度的前提下，创业导向对企业成长的正向促进作用并不会随着网络聚合的提高而有显著的改善，即此时网络聚合不调节创业导向对企业成长的促进作用。

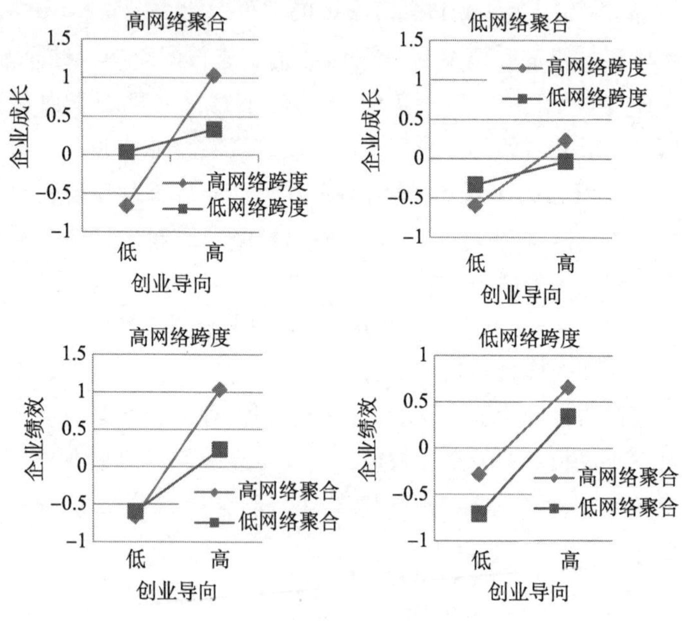

图 6－1　创业导向、网络跨度和网络聚合对新创企业成长作用的三元交互效应图

第7章　研究结论与启示

7.1　研究结论

本书以对创业企业具备决定性作用的创业者作为研究主体和研究对象，借鉴了资源基础理论、心理特质、网络结构和创业成长等相关理论，总结分析了创业导向（创业者一种重要的个体心理和行为特征）的划分方法及维度，并从创业者的角度对创业者创业导向和社会资本结构维度进行了界定，构建了从创业者个人心理行为特征和创业者结构社会资本到创业企业成长的理论模型，并将创业者网络属性作为情境变量加入模型中进行进一步探讨。通过“理论分析”“案例分析”和“实证分析”相结合的方法深入探讨创业导向、社会资本以及创业企业绩效之间的关系，经过探索性案例研究与大样本数据的实证检验与分析，验证了创业者个人心理行为特征对创业企业成长的影响机制以及结构社会资本在其中发挥的重要作用，具体而言，得出了以下主要的研究结论：

第一，本书以创业企业的创业者为研究对象，基于创业者网络结构的视角深入研究创业导向和创业企业成长之间的关系，能够更准确、更清晰地把握创业者创业导向和外部网络结构相互作用的内在机制以及其对创业企业成长影响的差异化作用。通过采用纵向探索性案例研究方法，对6家案例企业深入地进行编码分析，并对创业者创业导向、结构社会资本以及创业企业成长三者之间的关系进行编码分析，得出创业导向与网络结构对创业企业成长不同时期的作用机制模型，进一步验证了从创业者外部网络结构的视角对创业导向和创业企业绩效的复杂关系展开研究的合理性和实际性。以往研究关于权变因素的讨论大多数局限于组织和环境因素，比如环境动态性、行业特征、企业文化、高管团队特征等。很少有文章研究网络结构特征在两者关系中的权变作用，本书发现网络跨度和网络聚合分别调节创业导向和企业绩效之间的关系，这一发现印证了社会资本具有权变价值的观点，并与Stam（2008）的研究结论一致，即特定网络结构对企业绩效的影响依赖于企业的创业导向。从创业者外部网络结构层面的视角去分析创业导向与社会资本的整合作用模式以及其对企业成长的作用机理，拓展和深化了创业导向与企业绩效的相关理论模型及理论视角，为创业企业更好地建立外部网络并保持与网络成员的紧密联系，充分利用社会资本所带来的优势，积极获取创业成长所需要的关键资源，从而为维持较好的成长趋势提供了有益的指导。

第二，创业导向对于处于企业成长不同时期的企业而言，所发挥的作用有所不同。根据案例分析发现的结果，我们知道，处于成长期的企业，高水平的创业导向有利于企业绩效的提高。具体而言，在企业成长初期，企业绩效越好的企业往往拥有较高的创业导向；在企业成长发展期，创业导向对于企业成长而言是必要条件但非充分条件，即高水平的创业导向并不意味着高水平的企业成长。对于新创企业而言，市场风险和技术风险使得创业企业成长显得格外困难。因此，为了取得较好的企业成长绩效就必须维持高水平的创业导向。本研究以动态跟踪案例研究的方法研究了创业导向在企业成长不同时期的作用机制。针对创业导向与企业绩效关系的争议性结论，现有研究大多从情境因素的影响去考虑，少有研究从企业成长的阶段性差异出发研究创业导向的作用。而 Su 等（2011）指出，创业导向对于已建立的和新创的企业可能有着不同的影响，基于此，本书借助纵向案例研究方法，有助于我们更清晰地观察在企业成长不同时期创业导向发挥的作用，从而加深我们对创业导向和企业绩效之间关系的理解。

第三，在创业企业成长的不同时期，对于创业导向和企业成长绩效之间的关系而言，不同网络结构所发挥的优势有所不同。根据案例分析的结果我们知道，在新创企业成长的过程中，网络跨度、网络聚合两者任意一者水平的显著提高都有助于发挥创业导向对企业成长的积极作用。具体而言，在企业成长初期，网络聚合与创业导向的交互比网络跨度与创业导向的交互更有利于提高企业绩效水平。在创业企业成长初期阶段，新创企业存在“新进入缺陷（liability of newness）”，获取资源的渠道比较匮乏，致使新创企业经常缺乏战略性资源和社会关系，然而这些资源以及社会关系在创业导向对企业绩效的影响中具有重要的作用。因此，在企业成长初期，创业者往往更集中精力向创业团队成员以及一些紧密联系的朋友寻求资源与帮助。尽管此时创业者的社会关系网比较小，但网络内部成员之间的紧密联系意味着成员间的交流和信任水平较高。当积极的创业导向辅以网络成员间的紧密联系，一方面不但有助于企业利用有限的资源完成高效率的产品和技术创新；另一方面还能帮助企业在实施积极的创业活动时从紧密联系的朋友那里获取投资和客户资源，也只有内部联系紧密的网络才能保证成员愿意一起承担进行创业活动的风险，从而给予帮助。

在企业成长发展期，网络跨度、网络聚合双方中任何一方水平的显著提高都有助于发挥创业导向对企业成长的积极作用。高水平的网络跨度给企业提供丰富外部资源的获取渠道，使企业能够及时地了解市场信息，让企业能更好地更新产品或技术并先于竞争对手获取客户资源，而高水平的网络聚合所带来的战略一致性以及资源整合能力的优势，使企业能合理利用企业自身的资源以及高效发挥创业战略决策的作用。

第四，在创业导向、网络跨度和网络聚合三者水平都高时，企业成长绩效最突出。根据案例分析的结果，我们知道，无论是在创业企业成长初期还是在创业企业成长发展期，创业导向、网络跨度、网络聚合三者水平都高的企业，其企业成长绩效最优。为了支撑企业的快速发展，创业者与各种类型的关系（如银行家、政府人员、律师等）进行接触，网络结构逐渐演变为一个多元化、多层次的社会网络。这种网络结构为企业带来丰富的资源，使企业能够及时地了解市场动态信息，有利于企业开发新的产品和技术，从而先于竞争对手获取新的客户资源。然而，尽管网络跨度能使企业有效地获取多样性资源，但资源的多样性会让创业者把握不住关键的资源，它在提供多样性信息的同时，由于各方网络之间在转移隐性信息时缺乏充足的信任，会导致企业难以有效地利用这些资源。而高水平的网络聚合能够抵消网络跨度的这种负面影响，因为它所产生的合作规范会使合作成为网络中共享的价值体现，从而有利于隐性知识的传播，让企业更有效地利用这些多样化的信息，高效率地进行产品或技术的更新，使企业成长达到最佳水平。

第五，实证研究结果表明从创业外部网络结构视角出发研究创业导向和企业成长之间的关系是具有一定的理论支撑的，并通过实证研究得出了相关普适性的结论。根据案例分析的发现，本书结合前人研究成果，进一步构建有关创业导向、结构社会资本和创业企业成长之间的理论模型，并采用 203 家创业企业的样本数据，实证检验了创业导向、结构社会资本和企业成长三者之间的理论关系。实证结果表明，其一，创业导向对新创企业成长绩效直接影响的关系系数为 0.470（$p < 0.001$），这说明创业者创业导向是提升新创企业成长绩效的重要资源。其二，网络跨度和网络聚合对创业导向和企业成长之间的关系都起到正向调节的作用（$\beta = 0.165$，$p <$

0.05；$\beta=0.222$，$p<0.1$），而网络跨度本身以及网络跨度与网络聚合的交互效应对企业成长没有显著作用（$\beta=0.091$，$p>0.1$；$\beta=0.201$，$p>0.1$），这进一步证实了网络结构对企业绩效的影响要依赖于创业导向的作用这一结论。其三，在创业导向、网络跨度和网络聚合三者水平都高时，企业成长绩效最佳（$\beta=0.028$，$p<0.05$），这进一步证实了案例分析发现的结论。

7.2 理论贡献

本书的主要贡献体现在以下几点：首先，本书以动态跟踪案例研究的方法研究了创业导向在企业成长不同时期的作用机制。针对创业导向与企业绩效关系的争议性结论，现有研究大多从情境因素的影响去考虑，少有研究从企业成长的阶段性差异出发研究创业导向的作用。而 Su 等（2011）指出，创业导向对于已建立的和新创的企业可能有着不同的影响。基于此，本书借助纵向案例研究方法，有助于我们更清晰地观察在企业成长不同时期创业导向发挥的作用，从而加深我们对创业导向和企业绩效之间关系的理解。

其次，本书有助于丰富创业导向与企业绩效关系间权变因素的研究成果。现有研究关于权变因素的讨论大多数局限于组织和环境因素，比如环境动态性、行业特征、企业文化、高管团队特征等。很少有文章研究网络结构特征在两者关系中的权变作用，本书发现网络跨度和网络聚合分别调节创业导向和企业绩效之间的关系，这一发现印证了社会资本具有权变价值的观点，并与 Stam（2008）的研究结论一致，即创业导向对企业绩效的影响还取决于网络结构的特殊性。

再次，研究结果显示创业者网络结构的最优形式在于网络跨度与网络聚合这两种“反向”网络结构之间的平衡。自 1988 年起

“闭合”理论的诞生，学者们对于网络跨度与网络聚合的作用产生了争议性的研究结果。支持网络聚合优势的一派认为，聚合的网络关系不但能够加强网络间成员的联系，还有利于成员间的信任的产生和培养。而支持网络跨度优势的一派则认为，网络聚合会使网络内的成员形成封闭式的网络结构，不但会阻碍网络外部信息、资源的进入，还会进一步由于封闭式的网络结构造成网络内部资源和信息的冗余。他们认为，网络跨度的优势在于丰富了网络成员内部的信息和资源，同时还有助于互补性团队的建设，从而促进企业良性发展。我们的实证结果则表明当创业者拥有跨度高且聚合度高的网络结构时，企业才能充分发挥创业导向对企业成长绩效的正向促进作用，本书的结论对 Burt（2000）的研究结果起到了印证的作用，其指出凝聚性网络和稀疏性网络在一定程度上是一种互补的作用。此外，本研究还深入分析了 Reagans 和 Zuckerman（2001）关于最优网络结构的相关研究应该同时考虑网络跨度和网络聚合的差异化作用的结论。

最后，本书结合 AMO 理论，从“动机—能力—机会”三个方面分析创业企业成长过程中创业导向这一创业行为动机是如何依赖于网络跨度、网络聚合所提供的机会和能力来发挥对企业成长的作用的。AMO 理论指出，如果人力资源管理能够满足员工的能力（Ability）、动机（Motivation）和机会（Opportunity）的要求，组织的利益将最大化。高水平的网络跨度能为企业提供异质性资源的获取渠道，为企业带来丰富资源的同时，也带来了许多新的机会。而高水平的网络聚合下产生的高效资源整合能力，使企业能够快速从这些新机会中识别出真正有利于企业成长的机会。与此同时，创业导向也发挥着重要的作用，因为它“提供使用这些资源的动机，通过合理利用这些资源所带来的机会，创业导向不但提供了企业创业行为的方向和目标，还有助于识别对成长有利的机会”。因此，本书的研究有助于丰富跨领域研究的理论成果。

7.3 实践启示

本书对创业企业和相关创业者能提供重要的实践启示：

其一，在企业成长过程中，创业者的网络结构一直在发生变化，管理者需要在不同的企业成长时期，选择合适的战略重点，把握企业发展的核心。在企业成长初期，管理者需要注重企业创业导向的提升以及核心成员间的网络联系，通过积极的创业活动和高凝聚的网络来建立企业的核心竞争力。在企业成长发展期，积极的创业导向不再对创业企业成长起决定性作用，仅仅拥有高的创业导向并不能带来优秀的企业绩效。因此，在创业导向作用有限的前提下，管理者应该有重点地对企业自身网络结构进行培养和维护，这样才能有效地提高企业成长水平，做到事半功倍。

其二，由于创业者创业网络的多样性和创业网络的凝聚力能有效地提高创业导向的促进作用，因此，创业者在企业发展中，应该运用合理的方式提高创业网络的跨度和网络聚合。一方面，创业者可以有意识地扩展社交网络，广泛参加重要的企业高峰论坛、行业协会，技术协会等。与此同时，注重异质性人脉资源的拓展，在多个层面建立与高校、银行、政府的合作伙伴关系；另一方面，创业团队的培养也至关重要，通过强化团队成员间的交流，鼓励成员间的合作往来，采取定期聚餐、聊天、参加娱乐活动等方式，让彼此之间亲密度更高，进而提高团队内部的凝聚力。

其三，在企业成长过程中，创业者应合理评估企业的网络跨度以及团队的凝聚度，扬长避短，平衡两者关系。一方面，要充分认识过高网络跨度所造成的资源整合困难，以及过高网络聚合所造成的仅仅以一个企业为中心的偏见，进而使与创业举措相关的风险被狭隘地评估。另一方面，要充分利用网络跨度与网络聚合的互补效应来达到网络结构的优化平衡，既要利用网络聚合的有效沟通与战略一致性优势来提高致力于创新的知识和资源的整合能力，还要利用网络跨度的异质性资源优势，获取有关创业的必要信息与资源。

7.4 研究局限及未来展望

本书仍有以下几点不足之处，现从研究局限和未来展望展开讨论：

其一，本书只讨论了网络跨度、网络聚合的调节效应，未来研究可以进一步探讨其他结构社会资本特征，如网络规模的权变作用。

其二，企业成长期只是企业生命周期中的一个阶段，然而对处于不同阶段的企业而言，其生产规模、销售、战略决策也是不尽相同的，本书仅讨论了创业导向和社会资本对企业成长期企业绩效的影响。因此，未来的研究还可以根据企业发展不同阶段的主要特点，深入探讨创业导向以及网络结构的差异化作用机制。

其三，本书在实证研究中使用的横截面数据可能无法捕捉到创业者网络特征在企业成长过程中的变化，未来研究可以尝试动态跟踪研究，通过纵向研究更准确地研究创业发展过程中创业者网络变化对创业导向与企业绩效之间关系的影响。

参考文献

[1] http://www.gov.cn/guowuyuan/2016-03/05/content_5049372.htm.

[2] http://www.sem.tsinghua.edu.cn/news/xyywcn/5449.html.

[3] http://finance.china.com.cn/roll/20141209/2839887.shtml.

[4] Covin J G, Slevin D P. Strategic management of small firms in hostile and benign environments [J]. *Strategic Management Journal*, 1989, 10 (1): 75-87.

[5] Lumpkin G T, Dess G G. Clarifying the entrepreneurial orientation construct and linking it to performance [J]. *Academy of Management Review*, 1996, 21 (1): 135-172.

[6] Wiklund J. The sustainability of the entrepreneurial orientation-performance relationship [J]. *Entrepreneurship and the Growth of Firms*, 2006, 7 (3): 141-155.

[7] Covin J G, Slevin D P. A Conceptual Model of Entrepreneurship as Firm Behavior [J]. *Social Science Electronic Publishing*, 1991, 16 (1): 7-25.

[8] Wiklund J, Shepherd D. Entrepreneurial orientation and small business performance: a configurational approach [J]. *Journal of Business Venturing*, 2005, 20 (1): 71-91.

[9] Keh H T, Nguyen T T M, Ng H P. The effects of entrepre-

neurial orientation and marketing information on the performance of SMEs [J]. *Journal of Business Venturing*, 2007, 22 (4): 592 -611.

[10] Yamada K, Eshima Y. Impact of Entrepreneurial Orientation: Longitudinal Analysis of Small Technology Firms in Japan [J]. *Academy of Management Annual Meeting Proceedings*, 2009.

[11] Hart S L. An integrative framework for strategy-making processes [J]. *Academy of Management Review*, 1992, 17 (17): 327 - 351.

[12] Tang J, Tang Z, Marino L D, et al. Exploring an inverted U-Shape relationship between entrepreneurial orientation and performance in Chinese ventures [J]. *Entrepreneurship Theory and Practice*, 2008, 32 (1): 219 -239.

[13] Wales W J, Patel P C, Parida V, et al. Nonlinear Effects of Entrepreneurial Orientation on Small Firm Performance: The Moderating Role of Resource Orchestration Capabilities [J]. *Strategic Entrepreneurship Journal*, 2013, 7 (2): 93 -121.

[14] Runyan R, Droge C, Swinney J. Entrepreneurial Orientation versus Small Business Orientation: What Are Their Relationships to Firm Performance? [J]. *Journal of Small Business Management*, 2008, 46 (4): 567 -588.

[15] Baker W E, Sinkula J M. The Complementary Effects of Market Orientation and Entrepreneurial Orientation on Profitability in Small Businesses* [J]. *Journal of Small Business Management*, 2009, 47 (4): 443 -464.

[16] Messersmith J G, Wales W J. Entrepreneurial orientation and performance in young firms: The role of human resource management [J]. *International Small Business Journal*, 2011, 31 (2): 115 - 136.

[17] Covin J G, Green K M, Slevin D P. Strategic Process Effects on the Entrepreneurial Orientation-Sales Growth Rate Relationship [J]. *Entrepreneurship Theory & Practice*, 2006, 30 (1): 57-81.

[18] Su Z, Xie E, Li Y. Entrepreneurial Orientation and Firm Performance in New Ventures and Established Firms [J]. *Journal of Small Business Management*, 2011, 49 (4): 558-577.

[19] Li H, Zhang Y. The Role of Managers' Political Networking and Functional Experience in New Venture Performance: Evidence from China's Transition Economy [J]. *Strategic Management Journal*, 2007, 28 (8): 791-804.

[20] Shepherd D A, Zacharakis A. A New Venture's Cognitive Legitimacy: An Assessment byCustomers [J]. *Journal of Small Business Management*, 2003, 41 (2): 148-167.

[21] Dyer J H, Singh H. The Relational View: Cooperative Strategy and Sources of Interorganizational Competitive Advantage [J]. *Academy of Management Review*, 1998, 23 (4): 660-679.

[22] Gulati R, Nohria N, Zaheer A. Strategic Networks [J]. *Strategic Management Journal*, 2000: 203-215.

[23] Dyer J H. Specialized Supplier Networks as A Source of Competitive Advantage: Evidence from the Auto Industry [J]. *Strategic Management Journal*, 1996: 271-291.

[24] Koka B R, Madhavan R, Prescott J E. The Evolution of Interfirm Networks: Environmental Effects on Patterns of Network Change [J]. *Academy of Management Review*, 2006, 31 (3): 721-737.

[25] Adler P S, Kwon S W. Social capital: Prospects for A New Concept [J]. *Academy of Management Review*, 2002, 27 (1): 17-40.

[26] Ordóñez de Pablos P. Western and Eastern Views on Social

Networks [J]. *The Learning Organization*, 2005, 12 (5): 436 -456.

[27] Lewis P, Chamlee-Wright E. Social Embeddedness, Social Capital and The Market Process: An Introduction to The Special Issue on Austrian Economics, Economic Sociology and Social Capital [J]. *The Review of Austrian Economics*, 2008, 21 (2): 107 -118.

[28] Kristiansen S. Social Networks and Business Success [J]. *American Journal of Economics and Sociology*, 2004, 63 (5): 1149 - 1171.

[29] 张玉利，薛红志，杨俊. 论创业研究的学科发展及其对管理理论的挑战 [J]. 外国经济与管理，2007，29 (1): 1—9.

[30] Ahuja G. Collaboration Networks, Structural Holes, and Innovation: A Longitudinal Study [J]. *Administrative Science Quarterly*, 2000, 45 (3): 425 -455.

[31] Stam W, Elfring T. Entrepreneurial orientation and new venture performance: The moderating role of intra-and extraindustry social capital [J]. *Academy of Management Journal*, 2008, 51 (1): 97 - 111.

[32] Miller D, Friesen P H. Innovation In Conservative and Entrepreneurial Firms: Two Models of Strategic Momentum [J]. *Strategic Management Journal*, 1982, 3 (1): 1 -25.

[33] Nahapiet J, Ghoshal S. Social Capital, Intellectual Capital, and The Organizational Advantage [J]. *Academy of Management Review*, 1998, 23 (2): 242 -266.

[34] Burt, R. S. Structural holes: The Social Structure of Competition [J]. Harvard University Press: Cambridge, MA, 1992.

[35] Reagans R, McEvily B. Network structure and knowledge transfer: The effects of cohesion and range [J]. *Administrative Science Quarterly*, 2003, 48 (2): 240 -267.

［36］ Shane S. , Venkataraman S. The promise of enterpreneurship as a field of research［J］. *Academy of Management Review*, 2000, 25 (1): 217 -226.

［37］ 杨俊. 基于创业行为的企业家能力研究——一个基本分析框架［J］. 外国经济与管理, 2005, 27 (4): 28—35.

［38］ 杨俊, 张玉利. 社会资本, 创业机会与创业初期绩效: 理论模型的构建与相关研究命题的提出［J］. 外国经济与管理, 2008, 30 (10): 17—31.

［39］ Reynolds, P; Bosma, N; Autio, E; Hunt, S; De Bono, N; Servais, I; Lopez-Garcia, P; Chin, N. Global Entrepreneurship Monitor: Data collection design and implementation 1998—2003［J］. *Small Business Economics*, 2005, 24 (3): 205 -231.

［40］ Coviello N E. The network dynamics of international new ventures［J］. *Journal of International Entrepreneurship*, 2006, 37 (5): 713 -731.

［41］ 蔡莉, 单标安, 刘钊, 郭洪庆. 创业网络对新企业绩效的影响研究——组织学习的中介作用［J］. 科学学研究, 2010, 28 (10): 1592—1600.

［42］ Webb, JW; Kistruck, GM; Ireland, RD; Ketchen, DJ. The Entrepreneurship Process in Base of the Pyramid Markets: The Case of Multinational Enterprise/Nongovernment Organization Alliances［J］. *Entrepreneurship Theory & Practice*, 2010, 34 (3): 555 -581.

［43］ Ansoff, H. I. CorporateStrategy［D］. McGraw-Hill, New York, 1965.

［44］ Gielnik M M, Frese M, Graf J M, et al. Creativity in the opportunity identification process and the moderating effect of diversity of information［J］. *Journal of Business Venturing*, 2012, 27 (5): 559 -576.

[45] Eisenhardt K M. Building theories from case study research [J]. *Academy of Management Review*, 1989, 14 (4): 532 - 550.

[46] 李雪灵，姚一玮，王利军．新企业创业导向与创新绩效关系研究：积极型市场导向的中介作用 [J]．中国工业经济，2010 (6): 116—125.

[47] 苏晓华，李倩倩，王平．创业导向对高新技术企业绩效的影响——基于强弱关系的调节作用 [J]．软科学，2013，27 (1): 10—15.

[48] Runyan R C, Ge B, Dong B, et al. Entrepreneurial Orientation in Cross-Cultural Research: Assessing Measurement Invariance in the Construct [J]. *Entrepreneurship Theory & Practice*, 2012, 36 (4): 819 - 836.

[49] 张骁，胡丽娜．创业导向对企业绩效影响关系的边界条件研究——基于元分析技术的探索 [J]．管理世界，2013 (6): 99—110.

[50] Rauch A, Wiklund J, Lumpkin G T, et al. Entrepreneurial Orientation and Business Performance: An Assessment of Past Research and Suggestions for the Future [J]. *Entrepreneurship Theory & Practice*, 2009, 33 (3): 761 - 787.

[51] 董保宝．风险需要平衡吗：新企业风险承担与绩效倒 "U" 形关系及创业能力的中介作用 [J]．管理世界，2014 (1): 120—131.

[52] 邢铤，郑丹辉．创业导向对企业成长的影响机制：一种结构性观点 [J]．南方经济，2014，V32 (2): 74—88.

[53] 任胜钢，赵天宇，董保宝．创业导向与结构社会资本交互影响创业企业绩效的多案例研究 [J]．科学学与科学技术管理，2016，37 (5): 105—118.

[54] 任胜钢，赵天宇．创业导向、网络跨度与网络聚合对新

创企业成长绩效的影响机制研究［J］. 管理工程学报，2018，32（4）：237—243.

［55］刘小元，林嵩，李汉军. 创业导向、家族涉入与新创家族企业成长［J］. 管理评论，2017（10）：44—59.

［56］王国红，秦兰，邢蕊，周建林. 新企业创业导向转化为成长绩效的内在机理研究——以创业拼凑为中间变量的案例研究［J］. 中国软科学，2018（5）：135—146.

［57］唐贵瑶. 战略人力资源管理与新产品开发绩效的关系研究［J］. 科研管理，2016，V37（11）：98—106.

［58］陈转青，董晓舟. 网络个体创业者的战略导向与利润的关系——基于淘宝卖家的营销资源异质性分析［J］. 经济管理，2017（2）：137—148.

［59］于淏川，陈卫东，徐可. 创新创业联合提升企业绩能了吗？［J］. 科学学研究，2017（11）：152—161.

［60］徐可，姚飞，孙涛，徐铮. 创业导向转化为企业绩能的创新驱动过程［J］. 科学学研究，2018（1）：176—182.

［61］蔡新蕾. 制度支持与技术商业化绩效的关系研究——企业战略导向的调节效应［J］. 研究与发展管理，2017（6）：62—70.

［62］韩晨，高山行. 创业导向、创新模式与双维企业绩效——多重中介效应的实证检验［J］. 科学学研究，2018（1）：114—122.

［63］李颖，赵文红，周密. 政府支持、创业导向对创业企业创新绩效的影响研究［J］. 管理学报，2018，v. 15；No. 141（06）：62—70.

［64］陈岩，张红霞，王琦. 知识资源对企业创新影响的实证研究［J］. 科研管理，2018，39（11）：64—71.

［65］易朝辉，段海霞，任胜钢. 创业自我效能感、创业导向与科技型小微企业绩效［J］. 科研管理，2018（8）：99—109.

[66] 卞庆珍，任浩，叶江峰．大学衍生性资源对衍生企业的创业导向和创业绩效的影响——基于中国卓越联盟大学衍生企业的样本调研 [J]．科学学与科学技术管理，2018，39（11）：115—131.

[67] 马喜芳．创业导向对组织创造力的作用机制研究——基于组织情境视角 [J]．研究与发展管理，2016，28（1）：73—83.

[68] 尹苗苗，马艳丽．新企业战略导向对创业能力的影响——基于中国情境的实证研究 [J]．经济管理，2016（4）：72—82.

[69] 白景坤，王健．环境威胁与创业导向视角下的组织惰性克服研究 [J]．中国软科学，2016（9）：180—192.

[70] 池仁勇，潘李鹏．企业知识产权能力演化路径——基于战略导向视角 [J]．科研管理，2017，38（8）：117—125.

[71] 刘人怀，王娅男．创业拼凑对创业学习的影响研究——基于创业导向的调节作用 [J]．科学学与科学技术管理，2017（10）：137—148.

[72] 李颖，赵文红，薛朝阳．创业导向、社会网络与知识资源获取的关系研究 ——基于信号理论视角 [J]．科学学与科学技术管理，2018（2）：130—141.

[73] Song L, Jing L. Strategic orientation and performance of new ventures: empirical studies based on entrepreneurial activities in China [J]. *International Entrepreneurship and Management Journal*, 2017, 13 (4): 989 - 1012.

[74] Shan P, Song M, Ju X. Entrepreneurial orientation and performance: Is innovation speed a missing link? [J]. *Journal of Business Research*, 2016, 69 (2): 683 - 690.

[75] Wang T, Thornhill S, De Castro J O. Entrepreneurial orientation, legitimation, and new venture performance [J]. *Strategic Entrepreneurship Journal*, 2017, 11 (4): 373 - 392.

[76] Criado-Gomis A, Iniesta-Bonillo, M. ángeles, Cervera-Taulet A. Sustainable entrepreneurial orientation within an intrapreneurial context: effects on business performance [J]. *International Entrepreneurship and Management Journal*, 2018, 14 (2): 295 -308.

[77] Jiang, WB; Chai, HQ; Shao, J; Feng, TW. Green entrepreneurial orientation for enhancing firm performance: A dynamic capability perspective [J]. *Journal of Cleaner Production*, 2018, 198: 1311 -1323.

[78] Fuentes-Fuentes, María del Mar, Bojica A M, Ruiz-Arroyo M. Entrepreneurial orientation and knowledge acquisition: effects on performance in the specific context of women-owned firms [J]. *International Entrepreneurship and Management Journal*, 2015, 11 (3): 695 -717.

[79] Kollmann T, St? Ckmann C, Meves Y, et al. When members of entrepreneurial teams differ: linking diversity in individual-level entrepreneurial orientation to team performance [J]. *Small Business Economics*, 2017, 48 (4): 843 -859.

[80] Engelen A, Flatten T C, Thalmann J, et al. The Effect of Organizational Culture on Entrepreneurial Orientation: A Comparison between Germany and Thailand [J]. *Journal of Small Business Management*, 2014, 52 (4): 732 -752.

[81] Tuan, Trong L. Organizational Ambidexterity, Entrepreneurial Orientation, and I-Deals: The Moderating Role of CSR [J]. *Journal of Business Ethics*, 2016, 135 (1): 145 -159.

[82] Boling J R, Pieper T M, Covin J G. CEO Tenure and Entrepreneurial Orientation Within Family and Nonfamily Firms [J]. *Entrepreneurship Theory and Practice*, 2016, 40 (4): 891 -913.

[83] Garcia-Villaverde, PM; Rodrigo-Alarcon, J; Parra-Requena,

G; Ruiz-Ortega, MJ. Technological dynamism and entrepreneurial orientation: The heterogeneous effects of social capital [J]. *Journal of Business Research*, 2018, 83: 51 -64.

[84] Dai, WQ; Si, S. Government policies and firms' entrepreneurial orientation: Strategic choice and institutional perspectives [J]. *Journal of Business Research*, 2018, 93: 23 -36.

[85] Venkatraman N. Strategic Orientation of Business Enterprise: the Construct, Dimensionality, and Measurement [J]. *Management Science*, 1989, 35 (8): 942 -962.

[86] Aloulou W, Fayolle A. A conceptual approach of entrepreneurial orientation within small business context [J]. *Journal of Enterprising Culture*, 2005, 13 (01): 21 -45.

[87] Slotte-Kock S, Coviello N. Entrepreneurship Research on Network Processes: A Review and Ways Forward [J]. *Entrepreneurship Theory & Practice*, 2010, 34 (1): 31 -57.

[88] 张玉利，杨俊，戴燕丽．中国情境下的创业研究现状探析与未来研究建议［J］．外国经济与管理，2012，34：1—9.

[89] De Carolis D M, Saparito P. Social Capital, Cognition, and Entrepreneurial Opportunities: A Theoretical Framework [J]. Entrepreneurship: Theory and Practice, 2006, 30 (1): 41—56.

[90] 张玉利，杨俊，任兵．社会资本、先前经验与创业机会——一个交互效应模型及其启示［J］．管理世界，2008（7）：91—102.

[91] Coleman, James S. Social Capital in the Creation of Human Capital [J]. American Journal of Sociology, 1988, 94: S95 -S120.

[92] Burt R S. The Contingent Value of Social Capital [J]. *Administrative Science Quarterly*, 1997, 42 (2): 339 -365.

[93] Tsai, W. Knowledge transfer in intraorganizational networks:

Effects of network position and absorptive capacity on business unit innovation and performance [J]. *Academy of Management Journal*, 2001, 44 (5), 996 - 1004.

[94] Baum J A C, Calabrese T, Silverman B S. Don't go it alone: alliance network composition and startups" performance in Canadian biotechnology [J]. *Strategic Management Journal*, 2000, 21 (3): 267 - 294.

[95] Terjesen S, Patel P C, Covin J G. Alliance diversity, environmental context and the value of manufacturing capabilities among new high technology ventures [J]. *Journal of Operations Management*, 2011, 29 (1): 105 - 115.

[96] Hoang H, Antoncic B. Network-based research in entrepreneurship: A critical review [J]. *Journal of Business Venturing*, 2003, 18 (2): 165 - 187.

[97] Granovetter M S. The Strength of Weak Ties [J]. *American Journal of Sociology*, 1973, 78 (6): 1360 - 1380.

[98] Sequeira J, Mueller S L, McGee J E. The influence of social ties and self-efficacy in forming entrepreneurial intentions and motivating nascent behavior [J]. *Journal of Developmental Entrepreneurship*, 2007, 12 (03): 275 - 293.

[99] Smith D A, Lohrke F T. Entrepreneurial network development: Trusting in the process [J]. *Journal of Business Research*, 2008, 61 (4): 315 - 322.

[100] Liebeskind, J. P. Knowledge, stratege, and the theory of the firm [J]. *Strategic Management Journal*, 1996, 17: 93 - 108.

[101] Larson A, Starr J A. A network model of organization formation [J]. *Entrepreneurship Theory and Practice*, 1993, 17 (2): 5 - 15.

[102] Liao J, Welsch H. Social capital and entrepreneurial growth aspiration: a comparison of technology-and non-technology-based nascent entrepreneurs [J]. *Journal of High Technology Management Research*, 2003, 14 (1): 0 - 170.

[103] Tsai W., Ghoshal S. Social capital and value creation: The role of intrafirm networks [J]. *Academy of Management Journal*, 1998, 41 (4): 464 - 476.

[104] Reagans R, Zuckerman E W. Networks, Diversity, and Productivity: The Social Capital of Corporate R&D Teams [J]. *Organization Science*, 2001, 12 (4): 502 - 517.

[105] Watson J. Modeling the relationship between networking and firm performance [J]. *Journal of Business Venturing*, 2007, 22 (6): 852 - 874.

[106] Patel P C, Terjesen S. Complementary effects of network range and tie strength in enhancing transnational venture performance [J]. *Strategic Entrepreneurship Journal*, 2011, 5 (1): 58 - 80.

[107] Mcfadyen M A, Semadeni M, Cannella A A. Value of Strong Ties to Disconnected Others: Examining Knowledge Creation in Biomedicine [J]. *Organization Science*, 2009, 20 (3): 552 - 564.

[108] Phelps C C. A Longitudinal Study of the Influence of Alliance Network Structure and Composition on Firm Exploratory Innovation [J]. *Academy of Management Journal*, 2010, 53 (4): 890 - 913.

[109] 钱锡红，杨永福，徐万里．企业网络位置、吸收能力与创新绩效——一个交互效应模型 [J]．管理世界，2010 (5): 118—129.

[110] Miller T, Triana M D C. Demographic Diversity in the Boardroom: Mediators of the Board Diversity-Firm Performance Relationship [J]. *Journal of Management Studies*, 2009, 46 (5): 755 -

786.

[111] Tortoriello M, Reagans R, Mcevily B. Bridging the Knowledge Gap: The Influence of Strong Ties, Network Cohesion, and Network Range on the Transfer of Knowledge Between Organizational Units [J]. *Organization Science*, 2012, 23 (4): 1024 - 1039.

[112] Vincenzo F D, Mascia D. Social capital in project-based organizations: Its role, structure, and impact on project performance [J]. *International Journal of Project Management*, 2012, 30 (1): 5 - 14.

[113] 魏钧，李淼淼. 团队知识转移：多样性与网络传递性的作用 [J]. 科研管理，2014，35 (5)：70—76.

[114] 陈立勇，刘梅，高静. 研发网络成员多样性、网络关系强度对二元式创新的影响 [J]. 软科学，2016，30 (8)：25—28.

[115] 陈熹，范雅楠，云乐鑫. 创业网络、环境不确定性与创业企业成长关系研究 [J]. 科学学与科学技术管理，2015，36 (9)：105—116.

[116] Smith K G, Smith K A, Olian J D, et al. Top Management Team Demography and Process: The Rolc of Social Integration and Communication [J]. *Administrative Science Quarterly*, 1994, 39 (3): 412 - 438.

[117] Chai K H, Yap C M, Wang X. Network closure's impact on firms' competitive advantage: The mediating roles of knowledge processes [J]. *Journal of Engineering & Technology Management*, 2011, 28 (1 - 2): 2 - 22.

[118] Ensley M D, Pearson A W, Amason A C. Understanding the dynamics of new venture top management teams: cohesion, conflict, and new venture performance [J]. *Journal of Business Venturing*, 2002, 17 (4): 365 - 386.

[119] Chang S, Jia L, Takeuchi R, et al. Do high-commitment work systems affect creativity? A multilevel combinational approach to employee creativity [J]. *Journal of Applied Psychology*, 2014, 99 (4): 665 -680.

[120] Burt R S. The network structure of social capital [J]. *Research in organizational behavior*, 2000, 22: 345 -423.

[121] Gargiulo M, Benassi M. Trapped in Your Own Net? Network Cohesion, Structural Holes, and the Adaptation of Social Capital [J]. *Organization Science*, 2000, 11 (2): 183 -196.

[122] Wise, Sean. Can a team have too much cohesion? The dark side to network density [J]. *European Management Journal*, 2014, 32 (5): 703 -711.

[123] Mathieu J E, Kukenberger M R, D'Innocenzo, Lauren, et al. Modeling reciprocal team cohesion-performance relationships, as impacted by shared leadership and members' competence. [J]. *Journal of Applied Psychology*, 2015, 100 (3): 713 -734.

[124] Larson, A. & Starr, J. A. A network models of organization formation [J]. *Entrepreneurship Theory and Practice*, 1993, 17 (2): 5 -15.

[125] Venkataraman S. The distinctive domain of entrepreneurship research: An editor's perspective [J]. *Advances in Entrepreneurship, Firm Emergence, and Growth*, 1997, 3: 119 -138.

[126] Low, Murray B. and Ian C. MacMillan. Entrepreneurship: Past Research and Future Challenges [J]. *Journal of Management*, 1988, 14: 139 -161.

[127] Aldrich H E, Martinez M A. Many are called, but few are chosen: An evolutionary perspective for the study of entrepreneurship [J]. *Entrepreneurship Theory and Practice*, 2001, 25 (4): 41 -56.

[128] 斯晓夫，王颂，傅颖. 创业机会从何而来：发现，构建还是发现+构建？——创业机会的理论前沿研究 [J]. 管理世界，2016，No. 270 (3)：115—127.

[129] Suddaby R, Bruton G D, Si S X. Entrepreneurship through a qualitative lens: Insights on the construction and/or discovery of entrepreneurial opportunity [J]. *Journal of Business Venturing*, 2015, 30 (1): 1-10.

[130] Sarasvathy S D, Dew N, Velamuri S R, et al. Three Views of Entrepreneurial Opportunity [M] // Handbook of Entrepreneurship Research. Springer New York, 2010: págs. 77-96.

[131] Shane S. Reflections on the 2010 AMR Decade Award: Delivering on the Promise of Entrepreneurship As a Field of Research [J]. *Academy of Management Review*, 2012, 37 (1): 10-20.

[132] Alvarez S A, Young S L, Woolley J L. Opportunities and institutions: A co-creation story of the king crab industry [J]. *Journal of Business Venturing*, 2015, 30 (1): 95-112.

[133] Alvarez S A, Barney J B, Anderson P. Forming and Exploiting Opportunities: The Implications of Discovery and Creation Processes for Entrepreneurial and Organizational Research [J]. *Organization Science*, 2013, 24 (1): 301-317.

[134] Tocher N, Oswald S L, Hall D J. Proposing Social Resources as the Fundamental Catalyst Toward Opportunity Creation [J]. *Strategic Entrepreneurship Journal*, 2015, 9 (2): 119-135.

[135] Mathias B D, Williams D W, Smith A R. Entrepreneurial inception: The role of imprinting in entrepreneurial action [J]. *Journal of Business Venturing*, 2015, 30 (1): 11-28.

[136] Jaskiewicz P, Combs J G, Rau S B. Entrepreneurial legacy: Toward a theory of how some family firms nurture transgenerational

entrepreneurship [J]. *Journal of Business Venturing*, 2015, 30 (1): 29 -49.

[137] Mckeever E, Jack S, Anderson A. Embedded entrepreneurship in the creative re-construction of place [J]. *Journal of Business Venturing*, 2015, 30 (1): 50 -65.

[138] Breugst N, Patzelt H, Rathgeber P. How should we divide the pie? Equity distribution and its impact on entrepreneurial teams [J]. *Journal of Business Venturing*, 2015, 30 (1): 66 -94.

[139] Jennings J E, Edwards T, Jennings P D, et al. Emotional arousal and entrepreneurial outcomes: Combining qualitative methods to elaborate theory [J]. *Journal of Business Venturing*, 2015, 30 (1): 113 -130.

[140] Alvarez S A, Young S L, Woolley J L. Opportunities and institutions: A co-creation story of the king crab industry [J]. *Journal of Business Venturing*, 2015, 30 (1): 95 -112.

[141] Singh S, Corner P D, Pavlovich K. Failed, not finished: A narrative approach to understanding venture failure stigmatization [J]. *Journal of Business Venturing*, 2015, 30 (1): 150 -166.

[142] Marion T J, Eddleston K A, Friar J H, et al. The evolution of interorganizational relationships in emerging ventures: An ethnographic study within the new product development process [J]. *Journal of Business Venturing*, 2015, 30 (1): 167 -184.

[143] Dyer J H, Gregersen H B, Christensen C. Entrepreneur behaviors, opportunity recognition, and the origins of innovative ventures [J]. *Strategic Entrepreneurship Journal*, 2008, 2 (4): 317 -338.

[144] Si S, Yu X, Wu A, et al. Entrepreneurship and poverty reduction: A case study of Yiwu, China [J]. *Asia Pacific Journal of*

Management, 2015, 32 (1): 119 - 143.

[145] Zhang W, White S. Overcoming the liability of newness: Entrepreneurial action and the emergence of China's private solar photovoltaic firms [J]. *Research Policy*, 2016, 45 (3): 604 - 617.

[146] Lewis V L, Churchill N C. The Five Stages of Small Business Growth [J]. *Harvard Business Review*, 1983, 3, (61): 30 - 50.

[147] Bhave, Mahesh P. A process model of entrepreneurial venture creation [J]. *Journal of Business Venturing*, 1994, 9 (3): 223 - 242.

[148] [美] 罗伯特·D. 赫里斯，迈克尔·P. 彼得斯，迪安·A. 谢泼德. 创业管理 [M]. 蔡丽，葛宝山，译. 北京：机械工业出版社，2009：41.

[149] Coviello N E, Cox M P. The resource dynamics of international new venture networks [J]. *Journal of International Entrepreneurship*, 2006, 4 (2 - 3): 113 - 132.

[150] Klyver, K. & K. Hindle. The role of social networks at different stages of business formation [J]. *Small Enterprise Research*, 2007, 15, 22 - 38.

[151] 符健春，王重鸣，孟晓斌. 创业者领导行为与企业绩效：创业企业发展阶段的调节效应 [J]. 应用心理学，2008 (2)：129—140.

[152] 蔡莉，单标安. 创业网络对新企业绩效的影响——基于企业创建期、存活期及成长期的实证分析 [J]. 中山大学学报（社会科学版）. 2010, 50 (4)：189—197.

[153] Chan K C, Fung H G, Leung W K. International business research: Trends and school rankings [J]. *International Business Review*, 2006, 15 (4): 317 - 338.

[154] 龙静. 创业关系网络与新创企业绩效——基于创业发展

阶段的分析［J］. 经济管理，2016（5）：40—50.

［155］卜华白，卜时珍．大数据背景下企业创业成长阶段、价值网嵌入选择与创业绩效——以战略性新兴产业企业为例［J］. 科技管理研究，2017，37（13）：194—202.

［156］许艳丽，王岚．众创时代女大学生创业困局探析——基于创业过程理论的视角［J］. 高教探索，2018（2）：103—108.

［157］Farmer S M，Yao X，Kung-Mcintyre K. The behavioral impact of entrepreneur identity aspiration and prior entrepreneurial experience［J］. *Entrepreneurship Theory and practice*，2011，35（2）：245－273.

［158］Ma R，Huang Y C，Shenkar O. Social networks and opportunity recognition：A cultural comparison between Taiwan and the United States［J］. *Strategic Management Journal*，2011，32（11）：1183－1205.

［159］Ozgen E，Baron R A. Social sources of information in opportunity recognition：Effects of mentors，industry networks，and professional forums［J］. *Journal of Business Venturing*，2007，22（2）：174－192.

［160］任胜钢，舒睿．创业者网络能力与创业机会：网络位置和网络跨度的作用机制［J］. 南开管理评论，2014，17（1）：123—133.

［161］陈文沛．关系网络与创业机会识别：创业学习的多重中介效应［J］. 科学学研究，2016，34（9）：1391—1396.

［162］高静，贺昌政．信息能力影响农户创业机会识别——基于456份调研问卷的分析［J］. 软科学，2015，29（3）：140—144.

［163］王竞一，张东生．先验知识转化为创业机会识别能力的路径探析——基于扎根理论的研究［J］. 研究与发展管理，2017，

29 (3): 21—30.

[164] 张秀娥，祁伟宏，李泽卉. 创业者经验对创业机会识别的影响机制研究 [J]. 科学学研究，2017 (03): 102—110.

[165] ZHAN Q, HU J, SU L. The Impact of Entrepreneurial Experience on Entrepreneurial Opportunity Identification——An Analysis of the Case of Agel Ecommerce Ltd [J]. *DEStech Transactions on Social Science, Education and Human Science*, 2018, 292: 89-92.

[166] Jin L, Jin J. The Influence of Parents' Social Capital and Previous Entrepreneurial Experience on Entrepreneurial Opportunity Identification [C] //2018 International Seminar on Education Research and Social Science (ISERSS 2018). Atlantis Press, 2018, 195: 357-361.

[167] Gielnik M M, Kr Mer A C, Kappel B, et al. Antecedents of Business Opportunity Identification and Innovation: Investigating the Interplay of Information Processing and Information Acquisition [J]. *Applied Psychology*, 2014, 63 (2): 344-381.

[168] Wei X, Hisrich R D. Error Orientation and Entrepreneurial Decision Making in Chinese Enterprises: Opportunity Identification As Mediator [J]. *Social Behavior and Personality: an international journal*, 2016, 44 (4): 555-568.

[169] Jarvis L C. Identification, intentions and entrepreneurial opportunities: an integrative process model [J]. *International Journal of Entrepreneurial Behavior & Research*, 2016, 22 (2): 182-198.

[170] 唐靖，姜彦福. 创业能力概念的理论构建及实证检验 [J]. 科学学与科学技术管理，2008, 8: 52—57.

[171] Chen, C. C, Greene, P. G., Crick, A., Does entrepreneurial self-efficacy distinguish entrepreneurs form managers? [J]. *Journal of Business Venturing*, 1998, 13 (4): 295-316.

[172] 江玮，王奎．战略联盟组合与企业绩效的关系研究——基于创业机会理论的视角 [J]．厦门大学学报（哲学社会科学版），2014（6）：64—73.

[173] 任胜钢，曾慧，董保宝．网络跨度与信任的交互效应对创业绩效影响的纵向案例研究 [J]．管理学报，2016，13（4）：473—482.

[174] 李华晶，张玉利，汤津彤．基于伦理与制度交互效应的绿色创业机会开发模型探究 [J]．管理学报，2016，13（9）：1367—1373.

[175] 任胜钢，贾倩，董保宝．大众创业：创业教育能够促进大学生创业吗？[J]．科学学研究，2017（07）：105—114.

[176] 仇思宁，李华晶．亲社会性与社会创业机会开发关系研究 [J]．科学学研究，2018，36（2）：304—312.

[177] Ren S，Shu R，Bao Y，et al. Linking network ties to entrepreneurial opportunity discovery and exploitation：the role of affective and cognitive trust [J]. *International Entrepreneurship and Management Journal*，2016，12（2）：1 - 21.

[178] Nieto M，González-álvarez，Nuria. Social capital effects on the discovery and exploitation of entrepreneurial opportunities [J]. *International Entrepreneurship and Management Journal*，2016，12（2）：507 - 530.

[179] Welpe，IM；Sporrle，M；Grichnik，D；Michl，T；Audretsch，DB. Emotions and Opportunities：The Interplay of Opportunity Evaluation，Fear，Joy，and Anger as Antecedent of Entrepreneurial Exploitation [J]. *Entrepreneurship Theory and Practice*，2012，36（1）：69 - 96.

[180] Guo R. Strategic decision-making logics，entrepreneurial capability and opportunity exploitation in high-tech new ventures [J].

Journal of Business Economics and Management, 2018, 19 (2): 235 - 252.

[181] Hamid H A, Everett A M, O'Kane C. Ethnic migrant entrepreneurs' opportunity exploitation and cultural distance: A classification through a matrix of opportunities [J]. *Asian Academy of Management Journal*, 2018, 23 (1): 151 - 169.

[182] Wiklund J, Shepherd D. Knowledge-based resources, entrepreneurial orientation, and the performance of small and medium-sized businesses [J]. *Strategic management journal*, 2003, 24 (13): 1307 - 1314.

[183] 何红光，宋林．基于偏离—份额法的区域人力资本结构及竞争力研究 [J]. 中国科技论坛，2015 (11): 131—138.

[184] 刘睿智．小微企业成长的企业家基因研究 [D]. 山东大学，2015.

[185] Renko M, El Tarabishy A, Carsrud A L, et al. Understanding and Measuring Entrepreneurial Leadership Style [J]. *Journal of Small Business Management*, 2015, 53 (1): 54 - 74.

[186] 芮正云，庄晋财．创业者网络能力、吸收能力与新创小微企业成长 [J]. 财经论丛（浙江财经大学学报），2014，V187 (11): 74—81.

[187] Engelen A, Gupta V, Strenger L, et al. Entrepreneurial Orientation, Firm Performance, and the Moderating Role of Transformational Leadership Behaviors [J]. *Journal of Management*, 2015, 41 (4): 1069 - 1097.

[188] Real JC, Roldán, José L, Leal A. From Entrepreneurial Orientation and Learning Orientation to Business Performance: Analysing the Mediating Role of Organizational Learning and the Moderating Effects of Organizational Size [J]. *British Journal of Management*, 2014, 25

(2): 186 - 208.

[189] Saeed S, Yousafzai S Y, Engelen A. On Cultural and Macroeconomic Contingencies of the Entrepreneurial Orientation-Performance Relationship [J]. *Entrepreneurship Theory and Practice*, 2014, 38 (2): 255 - 290.

[190] Brouthers K D, Nakos G, Dimitratos P. SME Entrepreneurial Orientation, International Performance, and the Moderating Role of Strategic Alliances [J]. *Entrepreneurship Theory and Practice*, 2015, 39 (5): 1161 - 1187.

[191] Schepers J, Voordeckers W, Steijvers T, et al. The entrepreneurial orientation-performance relationship in private family firms: the moderating role of socioemotional wealth [J]. *Small Business Economics*, 2014, 43 (1): 39 - 55.

[192] 姚梅芳，栾福明，曹琦．创业导向与新企业绩效：一个双重中介及调节性效应模型［J］．南方经济，2018（11）：83—102.

[193] 张秀娥，张坤．创业导向对新创社会企业绩效的影响——资源拼凑的中介作用与规制的调节作用［J］．科技进步与对策，2018，V.35；No.445（9）：97—105.

[194] 和苏超，黄旭，陈青．创业导向、前瞻型环境战略与企业绩效关系研究［J］．软科学，2017，31（12）：25—28.

[195] 吴士健，孙专专，刘新民．知识特性、创业导向对大学衍生创业绩效的影响——一个被调节的中介效应模型［J］．科技进步与对策，2017，34（12）：120—127.

[196] Lechner C, Gudmundsson S V. Entrepreneurial orientation, firm strategy and small firm performance [J]. *International Small Business Journal*, 2014, 32 (1): 36 - 60.

[197] Moss T W, Neubaum D O, Meyskens M. The Effect of Vir-

tuous and Entrepreneurial Orientations on Microfinance Lending and Repayment: A Signaling Theory Perspective [J]. *Entrepreneurship Theory and Practice*, 2015, 39 (1): 27 -52.

[198] 赵蓓，马丽．管理者关系对企业绩效的影响研究——创业导向的中介作用 [J]. 东南学术，2018, No.267 (5): 163—171.

[199] 金永生，季桓永．创业导向如何影响企业绩效——模糊集定性比较分析 [J]. 科技进步与对策，2017, 34 (11): 88—94.

[200] Dai L, Maksimov V, Gilbert B A, et al. Entrepreneurial orientation and international scope: The differential roles of innovativeness, proactiveness, and risk-taking [J]. *Journal of Business Venturing*, 2014, 29 (4): 511 -524.

[201] 杨海儒．国际创业导向与国际经营绩效关系实证研究：环境的调节作用 [J]. 科技进步与对策，2017, 34 (8): 92—97.

[202] 董保宝．新企业创业导向与绩效倒"U"形关系及资源整合能力的中介作用 [J]. 南方经济，2015, V33 (8): 107—124.

[203] Cheng C C J, Huizingh E K R E. When Is Open Innovation Beneficial? The Role of Strategic Orientation [J]. *Journal of Product Innovation Management*, 2014, 31 (6): 1235 -1253.

[204] 易朝辉，管琳．学者创业角色、创业导向与大学衍生企业创业绩效 [J]. 科研管理，2018, 39 (11): 169—179.

[205] 祝振铎．创业导向、创业拼凑与新企业绩效：一个调节效应模型的实证研究 [J]. 管理评论，2015, 27 (11): 57—65.

[206] Stam W, Arzlanian S, Elfring T. Social capital of entrepreneurs and small firm performance: A meta-analysis of contextual and methodological moderators [J]. *Journal of Business Venturing*, 2014, 29 (1): 152 -173.

[207] Lins K V, Servaes H, Tamayo A. Social Capital, Trust, and Firm Performance: The Value of Corporate Social Responsibility during the Financial Crisis [J]. *The Journal of Finance*, 2017, 72 (4): 1785 - 1823.

[208] Collins CR, Neal J W, Neal Z P. Transforming Individual Civic Engagement into Community Collective Efficacy: The Role of Bonding Social Capital [J]. *American Journal of Community Psychology*, 2014, 54 (3 - 4): 328 - 336.

[209] Sainaghi R, Baggio R. Structural social capital and hotel performance: Is there a link? [J]. *International Journal of Hospitality Management*, 2014, 37: 99 - 110.

[210] Li, YN; Ye, F; Sheu, C. Social capital, information sharing and performance Evidence from China [J]. *International Journal of Operations & Production Management*, 2014, 34 (11): 1440 - 1462.

[211] 刘善仕，孙博，葛淳，棉王琪．人力资本社会网络与企业创新——基于在线简历数据的实证研究 [J]．管理世界，2017，(7)：88—98.

[212] 吕佳，郭元源，程聪．创业活动有效性：一项关于创业者的 Meta 分析检验 [J]．外国经济与管理，2018，v.40；No.472 (6)：30—44.

[213] 李振华，李赋薇．孵化网络、集群社会资本与孵化绩效相关性 [J]．管理评论，2018 (8)：79—89.

[214] 李梓涵昕，王侃，李昌文．新产品开发视角下高管结构型社会资本对组织学习的影响 ——基于外部环境不确定性的调节作用研究 [J]．科学学与科学技术管理，2018 (8)：69—81.

[215] Cuevas-Rodríguez, Gloria, Cabello-Medina C, Carmona-Lavado A. Internal and External Social Capital for Radical Product Inno-

vation: Do They Always Work Well Together? [J]. *British Journal of Management*, 2014, 25 (2): 266 - 284.

[216] 王洁琼，孙泽厚. 新型农业创业人才三维资本、创业环境与创业企业绩效 [J]. 中国农村经济，2018 (2): 81—94.

[217] 万建香，钟以婷. 社会资本对企业绩效的影响——基于中国经济转型阶段的研究 [J]. 管理评论，2018 (1): 60—66.

[218] 戴海闻，曾德明，张运生. 标准联盟组合嵌入性社会资本对企业创新绩效的影响研究 [J]. 研究与发展管理，2017，29 (2): 93—101.

[219] 王璐，黄敏学，肖橹，周南. 社会资本、知识利用与共有协同创新绩效 [J]. 科研管理，2018，39 (11): 82—90.

[220] Moran P. Structural vs. relational embeddedness: Social capital and managerial performance [J]. *Strategic Management Journal*, 2005, 26 (12): 1129 - 1151.

[221] Bonner J M, Walker O C. Selecting influential business-to-business customers in new product development: relational embeddedness and knowledge heterogeneity considerations [J]. *Journal of Product Innovation Management*, 2004, 21 (3): 155 - 169.

[222] Simsek Z, Lubatkin M H, Floyd S W. Inter-Firm Networks and Entrepreneurial Behavior: A Structural Embeddedness Perspective [J]. *Journal of Management: Official Journal of the Southern Management Association*, 2003, 29 (3): 427 - 442.

[223] Yang H. Leveraging social networks to cultivate entrepreneurial orientation: An organizational embeddedness perspective [C] //Midwest Academy of Management Conference held in Minneapolis in April. 2004.

[224] 杨俊，张玉利. 国外 PSED 项目研究述评及其对我国创业研究的启示 [J]. 外国经济与管理，2007，29 (8): 1—9.

[225] 林海芬，苏敬勤．中国企业管理创新理论研究视角与方法综述 [J]. 研究与发展管理，2014，26 (2)：110—119.

[226] 吴金希，于永达．浅议管理学中的案例研究方法——特点、方法设计与有效性讨论 [J]. 科学学研究，2004，22 (s1)：105—111.

[227] 罗伯特·K. 殷．案例研究：设计与方法 [M]. 重庆：重庆大学出版社，2010：21—23.

[228] Tsui, Contexualization in Chinese Management Research [J]. *Management and Organazation Review*, 2006, 2: 1-13.

[229] 毛基业，张霞．案例研究方法的规范性及现状评估——中国企业管理案例论坛（2007）综述 [J]. 管理世界，2008 (5) 115—121.

[230] Strauss A. Corbin. Basics of Qualitative Research [M]. Techniques and Procedures for Developing Grounded Theory. Thousand Oaks. 1998.

[231] Miles M B, Huberman A M. Qualitative data analysis: An expanded sourcebook [M]. Sage, 1994.

[232] 李拙新，陆强．中国管理学案例研究：综述与评估 [J]. 科研管理，2010 (5)：35—44.

[233] Tellis W. Introduction to case study [J]. *Qualitative Report*, 1997, 3 (3).

[234] 苏敬勤，崔淼．探索性与验证性案例研究访谈问题设计：理论与案例 [J]. 管理学报，2011，10 (8)：1428—1437.

[235] 毛基业，李高勇．案例研究的“术”与“道”的反思——中国企业管理案例与质性研究论坛（2013）综述 [J]. 管理世界，2014 (2)：111—127.

[236] Hughes M, Morgan R E. Deconstructing the Relationship Between Entrepreneurial Orientation and Business Performance at the

Embryonic Stage of Firm Growth [J]. *Industrial Marketing Management*, 2007, 36 (5): 651 -661.

[237] Burt R S. The Continent Value of Social Capital [J]. Administrative Science Quarterly, 1997, 42 (2): 339 -365.

[238] 姚铮，金列．多元化动机影响企业财务绩效机理研究：以浙江民企雅戈尔为例 [J]. 管理世界，2009 (12): 137—149.

[239] 陈晓萍，徐淑英，樊景立．组织与管理研究的实证方法 [M]. 北京大学出版社，2008.

[240] Podsakoff P M, Mackenzie S B, Lee J Y, et al. Common method biases in behavioral research: A critical review of the literature and recommended remedies [J]. *The Journal of Applied Psychology*, 2003, 88 (5): 879 -903.

[241] Robert Baum J, Wally S. Strategic decision speed and firm-performance [J]. *Strategic Management Journal*, 2003, 24 (11): 1107 -1129.

[242] Medsker G J, Williams L J, Holahan P J. A review of current practices for evaluating causal models in organizational behavior and human resources management research [J]. *Journal of Management*, 1994, 20 (2): 439 -464.

[243] Aiken L S, West S G. The effects of predictor scaling on coefficients of regression equations [J]. *Multiple Regression: Testing and Interpreting Interactions*, 1991: 28 -48.

附录 1　案例访谈问题

1. 请大致介绍您的创业历史。

企业成长初期（第一次访谈）

2. 您如何看待人脉圈或者关系网在商业活动中的作用，您在创业的过程中是否有意识地培养和积累人脉，您对此作出了哪些努力？

3. 请问您在确定创业项目到企业注册半年这段过程中，在承担风险、创新、先动性、积极参与行业竞争以及团队自主性这些方面您做得怎样？请通过一两个典型的实例来描述上述特征。

4. 请问从您确定创业项目到企业注册半年总共花了多长时间？这段过程艰不艰难？主要做了哪些事情？

5. 请问你们创业团队在合作、协调以及执行力等方面表现如何？请您描述下你们创业团队的基本情况。

6. 请您列出在创业初期过程中对您创业提供了重要帮助的人？并且画出您与这些人的关系网。

7. 这些人是否相互认识，请将相互认识的关系在关系网上联结起来。

8. 请您分别介绍一下每一个联系人所处的行业和所处的职位（附表 1 - 1）。

9. 请您大概描述一下你们之间的关系（是什么关系，如何认识），你们之间亲密程度如何以及你们之间多久交流一次？请您在表格中填写最符合你们之间关系的选项（附表1-2）。

10. 您的这些关系在创业过程中给您提供了哪些帮助？这些帮助对于您的企业起到了哪些作用或者有什么样的效果？

11. 请您按照附表1-3的题项选择最符合您企业创业初期状态的选项。

企业成长发展期（第二次访谈）

12. 您如何看待人脉圈或者关系网在商业活动中的作用，您在创业的过程中是否有意识地培养和积累人脉，您对此作出了哪些努力？

13. 请问您在企业注册至今这段过程，在承担风险、创新、先动性、积极参与行业竞争以及团队自主性这些方面您做得怎样？请通过一两个典型的实例来描述上述特征。

14. 请问您企业注册至今这段过程艰不艰难？主要做了哪些事情？

15. 请问你们创业团队在合作、协调以及执行力等方面表现如何？请您描述下你们创业团队的基本情况。

16. 请您列出在企业注册至今这段过程中对您创业提供了重要帮助的人？并且画出您与这些人的关系网。

17. 这些人是否相互认识，请将相互认识的人在关系网上联结起来。

18. 请您分别介绍一下每一个联系人所处的行业和所处的职位（附表1-1）。

19. 请您大概描述一下你们之间的关系（是什么关系，如何认识，），你们之间亲密程度如何以及你们之间多久交流一次？请您在表格中填写最符合你们之间关系的选项（附表1-2）。

20. 您的这些关系在创业过程中给您提供了哪些帮助？这些帮助对于您企业起到了哪些作用或者有什么样的效果？

21. 请您按照附表1-3的题项选择最符合您的企业创业初期状

态的选项。

22. 最后，请根据公司实际情况填写附表 1－4。

附表 1－1

联系人	所处行业和所处职位
1.	
2.	
3.	
4.	
5.	
6.	
7.	
8.	
9.	
10.	
11.	
12.	
13.	
14.	
15.	
16.	
17.	
18.	
19.	
20.	

请描述你们之间的感情（1 = 非常好，4 = 一般好，7 = 疏远）；

你们之间多久交流一次？（1 = 每天一次；2 = 一周两次；3 = 一周一次；4 = 一月两次；5 = 一月一次；6 = 两月一次；7 = 三月一次或更少）

附表1－2

联系人	亲密度	联系频率
1.		
2.		
3.		
4.		
5.		
6.		
7.		
8.		
9.		
10.		
11.		
12.		
13.		
14.		
15.		
16.		
17.		
18.		
19.		
20.		

附表 1－3

1. 风险承担	赞同程度（低⟷高）						
	1	2	3	4	5	6	7
“风险承担”的术语被认为是公司员工的一个积极特质							
公司鼓励员工为新的想法承担适当的风险							
公司强调对新机会的探索与实验							
2. 创新性	程度水平（低⟷高）						
	1	2	3	4	5	6	7
我积极地为公司带来进步与创新							
公司在经营方法上是有创意的							
公司会寻求新的做事方法							
3. 先动性	程度水平（低⟷高）						
	1	2	3	4	5	6	7
我往往对各种状况都尽量把握主动权（例如应对竞争对手或与其他人共同合作项目时）							
我擅于识别机会							
我发起的行动能得到其他组织的响应							

附表 1－4

年份	销售额（万元）	利润（万元）	员工（人）
2009 年			
2010 年			
2011 年			
2012 年			
2013 年			

附录2　半结构化问卷

尊敬的女士/先生：

您好！

非常感谢您在百忙之中抽出时间填写这份问卷！本问卷是由中南大学举办的独立的学术性调查，旨在调查创业者的社会资本对创业机会识别和开发的影响。本问卷结果仅用于学术研究，不涉及您的商业机密，并承诺所获信息不会用于任何商业目的！真诚感谢您的合作，谢谢！

问卷填写说明

★请根据您的具体情况，根据问卷前提示选择您所认可的或者根据实际情况填写答案，并点击相应的选框。

以下各部分，请根据您的实际情况做答，非常感谢!!!

您的性别	□ 男　　□ 女
您的年龄	□ 18—39 岁　□ 40—59 岁
您的学历	□ 初中及以下　□ 大专　□ 本科　□ 研究生 □ 博士及以上
您的企业成立年限	□ 1 年以下　□ 1—3 年　□ 3—8 年　□ 8 年以上
您的企业规模	□ 20 人以下　□ 20—100 人　□ 100—500 人 □ 500 人以上

续表

您的企业所在区域	□ 东南沿海　□ 华北及东北　□ 中部　□ 西部
您的企业所属行业	□ 农业 □ 传统制造业（机械制造、化工、食品加工、纺织、有色金属等） □ 高新技术产业（电子与信息技术、新材料、软件、生物制药、新能源等） □ 服务业
您在创办该企业之前，在该行业的工作年限	□ 0 年　□ 1 年以下　□ 1—5 年　□ 5 年以上
您在创办该企业之前，是否创办过其他企业	□ 是　□ 否
您在创办该企业之前，是否在其他企业或单位担任过高级管理职务	□ 是　□ 否

一、创业导向

1. 风险承担	赞同程度（低⟷高）						
	1	2	3	4	5	6	7
“风险承担”的术语被认为是公司员工的一个积极特质							
公司鼓励员工为新的想法承担适当的风险							
公司强调对新机会的探索与实验							
2. 创新性	**程度水平（低⟷高）**						
	1	2	3	4	5	6	7
我积极地为公司带来进步与创新							
公司在经营方法上是有创意的							
公司会寻求新的做事方法							

续表

3. 先动性	程度水平（低⟷高）						
	1	2	3	4	5	6	7
我往往对各种状况都尽量把握主动权（例如应对竞争对手或与其他人共同合作项目时）							
我擅于识别机会							
我发起的行动能得到其他组织的响应							

二、网络成员

请分别描述每一个联系人所处的行业和所处的职位。

联系人	所处行业和所处职位
1.	
2.	
3.	
4.	
5.	
6.	
7.	
8.	
9.	
10.	
11.	
12.	
13.	
14.	
15.	

续表

联系人	所处行业和所处职位
16.	
17.	
18.	
19.	
20.	

三、网络联系

请描述你们之间的感情（1 = 非常好，4 = 一般好，7 = 疏远）；

你们之间多久交流一次？（1 = 每天一次；2 = 一周两次；3 = 一周一次；4 = 一月两次；5 = 一月一次；6 = 两月一次；7 = 三月一次或更少）

联系人	亲密度	联系频率
1.		
2.		
3.		
4.		
5.		
6.		
7.		
8.		
9.		
10.		
11.		
12.		

续表

联系人	亲密度	联系频率
13.		
14.		
15.		
16.		
17.		
18.		
19.		
20.		

四、新企业成长绩效

请您根据公司近几年业绩的真实情况填写下表：

年份	销售额（万元）	利润（万元）	员工（人）
2009 年			
2010 年			
2011 年			
2012 年			
2013 年			

附录3　创业者心理特质、网络特征和创业关系的问卷调查

创业者心理特质、网络特征和创业关系的问卷调查

尊敬的女士/先生：

您好！

非常感谢您在百忙之中抽出时间填写这份问卷。本问卷是中南大学进行的一项学术研究，旨在调查创业者的心理特质、网络特征和创业的关系。本问卷仅供学术研究之用，内容不涉及您的商业机密，所获信息用于建模统计研究，请您放心并客观地填写。问卷填写大约需要20分钟，真诚感谢您的合作，谢谢！！

注：问卷题项中有些词义相近，非设计缺陷，为研究所需，请您务必包涵并认真填写。如果您在填写本调查问卷过程中有疑问之处，请在问卷最后的反馈部分提出您的宝贵意见。

问卷填写说明

★请根据您的实际情况，从各量表的选项中选择您所认可的答案，并点击相应的选框。

以下各部分，请根据您的实际情况做答，非常感谢！！！

第一部分 创业者基本信息

您的性别	□ 男 □ 女
您的年龄	岁
您的学历	□ 初中及以下 □ 大专 □ 本科 □ 研究生 □ 博士及以上
您的企业成立年限	年 月
您的企业员工数量	人
您的企业所在区域	□ 东南沿海 □ 华北及东北 □ 中部 □ 西部
您的企业所属行业	□ 农业 □ 传统制造业（机械制造、化工、食品加工、纺织、有色金属等） □ 高新技术产业（电子与信息技术、新材料、软件、生物制药、新能源等） □ 服务业
您在创办该企业之前，在该行业的工作年限	年 月
您在创办本企业之前是否创办过其他企业	□ 是 □ 否
您在创办该企业之前，是否在其他企业或单位担任过高级管理职务	□ 是 □ 否

第二部分 创业阶段

创业企业成长—请在下表填写您的企业最近三年内（2012—2015）的数据信息，增长率为正值，减少率为负值。

	2014—2015	2013—2014	2012—2013
利润增长率或减少率	%	%	%
销售额增长率或减少率	%	%	%
员工数量增长率或减少率	%	%	%

注：如果您的企业成立年限少于3年，请您列出已有年份数据即可。

第三部分 创业者心理特质

创业导向—请描绘出您企业的战略决策。

1—3 表示符合左边描述的程度越来越弱；5—7 表示符合右边描述的程度越来越强；4 表示中间程度。

一般而言，我倾向于：

	1	2	3	4	5	6	7	
现有市场的产品和服务	□	□	□	□	□	□	□	新产品和技术的研发

最近 3 年内，我的企业：

	1	2	3	4	5	6	7	
没有引进新的生产线	□	□	□	□	□	□	□	引进很多新的生产线
生产线调整很大	□	□	□	□	□	□	□	生产线调整很小

一般而言，我的企业：

	1	2	3	4	5	6	7	
响应竞争对手的行动	□	□	□	□	□	□	□	先于竞争对手采取行动
很少先于竞争对手引入新产品服务、管理技术和操作技术等	□	□	□	□	□	□	□	经常先于竞争对手引入新产品服务、管理技术和操作技术等
有强烈的倾向追随别人推出新产品和服务	□	□	□	□	□	□	□	有强烈的倾向在新产品、服务推出中领先其他竞争对手

一般而言，我倾向于：

	1	2	3	4	5	6	7	
低风险的项目（正常和固定的回报率）	□	□	□	□	□	□	□	高风险的项目（高回报率的可能性）

一般而言，为了实现企业的目标，我倾向于：

	1	2	3	4	5	6	7	
采用保守的行为	□	□	□	□	□	□	□	采用大胆的行为

当需要在不确定环境下做决策时，我的企业：

	1	2	3	4	5	6	7	
采取一种谨慎的、观望的态度最小化决策成本	□	□	□	□	□	□	□	采取一种大胆、激进的态度最大化开发潜在的机会

第四部分　创业者社会资本

网络结构（网络跨度）—这部分需要您在以下表格中完成三类问题（本题仅为方便数据分析，不计入结果）：

一、回忆并填写出10—15位在创业过程中对您帮助最大的联系人（可以以符号或字母等代替人名）；

二、分别填写他们每个人的职业（比如，互联网公司产品经理、税务局办事员）

三、填写你与每一位联系人之间的亲密程度：

序号	联系人	所属单位和职业	不紧密⟷紧密			
			1	2	3	4
1			□	□	□	□
2			□	□	□	□
3			□	□	□	□
4			□	□	□	□
5			□	□	□	□
6			□	□	□	□
7			□	□	□	□
8			□	□	□	□
9			□	□	□	□
10			□	□	□	□

网络聚合—请您从上述列出的个体中，选出5个对您帮助最大的人，您在过去六个月您从他们那儿获得过商务咨询、商务资源或者心理支持，并依次填入下表。

A.	B.	C.	D.	E.

注：1. 这一问题非常重要，这是后面一个问题的基础，也是作为整份问卷的质量的保障。填写不完整或不准确会使整份问卷无效，您的耐心填写非常重要，非常感谢！
2. 如需保密，联系人名称可缩写，例如“张三”可缩写为“ZS”。

如果您对本研究感兴趣，可留下邮箱地址，我们会将研究结果发送给您。

E-mail：

本次调查到此结束，谢谢你的合作，祝您工作愉快，幸福安康！

后 记

时光荏苒，光阴似箭。转眼间，这已经是我在长沙、在中南大学的第九个年头了。长沙于我而言可以说是第二故乡，甚至就是我心里的一个家。在这里我从一个懵懂无知的未成年人成长到至今一个略经世事的“奔三”青年，这其中有收获，也有失去。

2008 年 9 月，我考入中南大学数学与统计学院，怀着对大学充满期待的心情走进大学校园，这里要非常感谢父母一直以来对我的培养以及关护，才使我能够接受教育、获得教育给我带来的诸多好处；还要感谢我的高中老师、高中同学，是他们一直陪着我在高考的道路上一起成长、一起努力，才使我最终能够学有所成，考入中南大学这样一所优秀的学校。进入大学后，我接触到了来自五湖四海的优秀大学生，结识了我人生中非常重要的几位好友，遇到了指导我前行的几位老师，在一开始长沙这座于我而言异乡的城市，是好友们的陪伴让我在大学的校园生活充满了幸福与快乐，是诲人不倦的老师们让我能够快速掌握专业知识技能，并最终顺利完成大学学业。

2012 年 9 月，我保研至中南大学商学院，我有幸成为中南大学商学院任胜钢教授的弟子，有幸能够融入“任门”这样一个大家庭。对于大学刚毕业的我，在很多方面都略有不足，但我的导师并没有嫌弃这样的我。他始终认为，天道酬勤，只要肯努力，最终就能成为一个有用的人。硕士研究生在读期间，我的导师不但细心教导我如何做科学研究，还教我如何为人处事。导师的细心指导以及满腔热情让我对科研充满了浓厚的兴趣，因此，非常有幸在2014年获得了“硕博连读”的机会，继续跟随任胜钢教授攻读博士学位。

2014年9月，我顺利地在商学院完成博士入学。攻读博士生涯期间，于我而言，对我影响最大的仍然是我的导师，是他让我有机会参与许多重要的课题中，让我学习到宝贵的经验，让我能够顺利完成博士阶段的任务。与此同时，我还要感谢我的众多同门以及同学们，是他们陪伴我一起完成科研工作，是他们在我心情不佳时为我开导，正是他们我才能够以积极向上的姿态继续完成我的求学生涯。

回过头看自己的求学生涯，其实我认为我并不完美，在很多方面仍然做得不够好，没有尽到自己最大的努力，没有达到导师以及同学朋友们对我的预期。因此，我希望在未来的生活中尽最大的努力去做最好的自己。

作者

2021年5月于长沙